オールド・ゼンの物語

最後のお雇い外国人――ローゼンさん

熊本大学顧問・名誉教授　小野友道

かのシェークスピアと同じ4月23日生まれのアラン・デビット・ローゼンさん、1945（昭和20）年アメリカ東海岸ニュージャージー州のリゾート地ベルマーで生を受けた。名門ペンシルベニア大学を卒業、かつて津田梅子が留学したブリンマー大学大学院で文学博士を取得した。当時のアメリカは大変な就職難、非常勤講師などで食い繋いでいたローゼンさんに日本行きの話が来た。そして縁あって熊本大学外国人教師として1974（昭和49）年単身熊本空港に降り立った。

爾来、半世紀近くを熊本で過ごしてきたローゼンさんの日常が軽妙な語り口の本となった。軽妙ではあるが、チクチクと批判精神溢れたその文章には、怒りあり、失敗あり、諦めありだが、一方で友人あり、陶芸あり、結婚ありで、ローゼンさんの思い至った日本は「ラブーヘイト」（好きでもあり嫌いでもある）だった。特に大学の事務方とのやり取りは、同じ大学に奉職していた私に「そうだった」「確かにね」と思わせることばかり。そもそもローゼンさん日本にやってくる際にもJALしか使用できなかった。そう、わたしもアメリカ留学の時JALだった。アメリカの友人が「えらく高いぞ、もう一往復できるからキャンセルしたら。安いチケット世話するよ」と。でも文部省からの国費留学では駄目だった。長い事務方との戦いでローゼンさん未だ勝ったことはないと敗北の弁を語っている。ローゼンさんの立場は教授、准教授などの日本の教員の枠とは別の「お雇い外国人」だった。当時熊大でおそらくたった一人の「お雇い外国人」だった。孤独な戦いだったのである。幕末、明治の昔から日本の近代化に大きな役割を担った多くのお雇いがいた。ラフカディオ・ハーンもその一人である。ローゼンさんは熊本大学最後の、そして最も長く在職したギネスブックものの「お雇い外国人」である。講義で反応を示さない学生に苦労したローゼンさん、アメリカンロックを歌う日本の女学生にヒントを得て、ロックの歌詞を英語教材にしたらと閃いた。『ロックの心』『ビートルズの心』として出版、英語教師などから大いに受け入れられたが、これでローゼンさんの懐が潤ったかは定かでない。おっと、一番大切なことを忘れるところであった。ローゼンさんはラフカディオ・ハーンの一流の研究者である。現在ハーンの書簡の研究・翻訳を全国ハーン研究者の中心として活動中である。その大作が完成するのを待ちながら、まずはローゼンさんの実印通り「老禅」師となった「ラブーヘイト」物語を読んでほしい。熊本に住む外国人が増えてきた今日、多様性文化の中での日本人の生き様を問うた一冊でもある。

余談だが、英語の文章に困っている方にそっと教えておきたい。忙しいローゼンさんに頼むときには、決してチョコレートチップ・クッキーの手土産を忘れないように。

オールド・ゼンの物語

オールド・ゼンの物語

熊本初日、空港で独りぼっち

1974年9月30日。50年近く前のその日、29歳の私は朝一番の飛行機で熊本空港に降り立った。故郷の米国ニュージャージー州からロサンゼルス、羽田を経て熊本へ。その秋から2年間、熊本大学教養部の外国人英語教師を務めることになっていた。

しかし、初めての日本、熊本で、私は途方に暮れていた。熊大から迎えが来ることになっていたのに、誰も来ていない。ホワイ？　どうなってるの？　一緒の便で来た乗客は次々に立ち去り、私はとうとう独りぼっちになってしまった。

困った。大学までどうやって行けばいいのか。まず空港ビルの外に出てみたが、見渡す限り山ばかりに見えた。事前にもらった英文パンフレットを引っ張り出した。熊大がどんな大学で、どんな教育をしているのかさっぱり分からないパンフだったが、それでも電話番号は載っている。緑と赤の公衆電話からとにかく1台選び、「10」と書いてあるところにコインを入れた。
妙な音がした。声が聞こえた。だが、何を言っているか、全く理解できない。英語

でしゃべってもよかったのかもしれないが、私はガチャンと電話を切ってしまった。半分パニックになっていたのだ。

絶望的な気分で顔を上げると「INFORMATION（インフォメーション＝案内）」の文字が飛び込んできた。ああよかった。英語が通じるに違いない。カウンターにいるピンクとグレーの制服を着た2人の若い女性に話し掛けた。エクスキューズ・ミー。アイ・ウォント……（すみません、ぼくは……）。

次の瞬間、まるでシンクロみたいだったなあ。2人は両手を大きく胸の前で組み、「バツ印」をしてみせたのだ。英語ができる人がいないか尋ねると「ごめん」のポーズ。

そこで、私は一つ大切なことを覚えた。「INFORMATION」と書いてあるのは、あれは「飾り」だ。英語は飾り。Tシャツとかも横文字があれば、意味はどうでもいい。

そして思った。この国でやっていけるだろうか――。まさかそれからずっと熊本に住み続けるなんて、想像もしていなかった。

ハングリー？　と聞かれても

空港の女性たちが不親切だったわけではない。ジェスチャーで熊大に連絡したいことが伝わったようで、しばらくして見せてくれた紙に「30ｍｉｎ」（30分）とあった。ああよかった。「アリガトウゴザイマス！」

実際には、黒塗りの大型車でカネコ先生（金子正信教授・教養部長）とキムラ先生（木村正人教授）が来るまで1時間ほどかかった。両先生は目を丸くして、私を上から下まで見回した。怪しむような顔で「あなたが、われわれが雇った大学の教師？」と言いたげだった。

まあ、29歳の私は長髪で（自分ではだいぶ短くしたつもり）、ひげも生やしていたしね。彼らの説明では、到着の日時を告げた私の手紙は、どういうわけか届かなかったそうだ。

熊本市へ向かう車内のことは忘れられない。車は教養部の「部長車」で、運転のミヤザキさんは白手袋をはめていた。座席にシーツみたいな白い布がかぶせてあった。初めて見る右ハンドルにもびっくりした。

道が狭い。ビルが両側から迫り、手でさわれそう。「なぜ裏道を通るんですか。もっと大きな道を行けばいいのに」と尋ねたら、「これが大きな道だよ」と言われ、また驚いた。

でも、もっとすごいのは坂の途中にあった大きな竹やぶ。なんてエキゾチックで美しいんだろう。次いで田んぼや段々畑。秋の熊本の田園風景を眺めながら、私は初めて「アメリカじゃないんだなあ。いいなあ。遠いところに来たなあ」と実感した。ただ、「ほら見てください。竹やぶです」と大きな声を出しても、みんな何を言っているんだろうという様子だった。

これは言わない方がいいかもしれないけれど、みなさん英語はペラペラだと思っていたらとんでもない、なかなか会話ができなかった。一番えらいカネコ先生は真っ白な髪、分厚いメガネ、紺色のスーツ。かっこよかったけど、私と話すときは苦しそう。

目を閉じてうーんうーんとうなった後、「アー、ミスター、アー、ローゼン」こんな感じ。

当時の大学の先生は、もちろん難しい文学を読み解く力はあったけれど、会話は苦手だった。私に質問するが、答えも聞かずに次の言葉を考えている。カネコ先生が言った。「アー・ユー・ハングリー？（空腹ですか？）」

おなかは全然減ってない。「いいえ」。でも私の返事を聞いているのかいないのか、「これから東洋軒に行きます」。だから、減ってないって……。

でたらめあいさつ、でも拍手

熊本市役所の近くにあったレストラン「東洋軒」では、大きなハンバーグの定食が出てきた。おいしかったが、私の知っているハンバーグとはかなり違った。

おなかはすいていなかったけれど、失礼だと思い頑張って食べた。ところが、連れてきた教授たちは全く食べようとしない。ほとんど全部残して、後はたばこ。そこでやっと、楽しそうにくつろいだ雰囲気が漂い始めた。

「コーヒーはありますか」と尋ねたが、「ありません」。「デザートとか、甘い物があれば」「甘い物は女性はよく食べるけど、男性は甘い物とかデザートは食べませんよ」。ははあ。やっぱりアメリカとは違うなあ。

黒髪の熊大教養部へ着くと、私の世話人になるタニカワ先生（谷川二郎《にろう》助教授、のち文学部教授）が待っていた。「これから教授会があります。ローゼン先生を紹介したいので、一緒に来てください」。タニカワ先生は流暢《りゅうちょう》な英語を話した。大学本部の２階だったと思う。廊下で待つ間、「何と言ったらいいですか」と聞いた。

「こう言えばいいよ。ドウゾヨロシクオネガイイタシマス」。はあ？　もう一度。「ドウゾヨロシクオネガイイタシマス」

初めて耳にした日本語。一度で覚えられるわけがない。「ドウゴ」「どうぞ」「ヨロクウ」「よろしく」。先生は練習しろと言い残して会議室へ。ひとりで練習すればするほど、めちゃくちゃになっていくのが自分で分かった。

呼ばれて会議室に入った第一印象は、男性ばっかり。服装の色がない。黒か紺か白ばっかり。たばこの煙がすごかった。タニカワ先生の紹介に続いて私はあいさつした。

「ジョージョ○★□※◎▲ジャマス」

みんなパチパチと拍手してくれたが、私は情けなくて泣きそうだった。無意味なことを言ってしまったのに、なんでみんな分かったふりをする? 何で? 私には分からない。この国は分からない。任期の2年間は長いかもなあ。でも、今になってみると、みんな優しかったんだと思う。

現在まで続く私の熊本生活は、こんなふうに始まった。その間、結婚し、3人の子どもの父となり、孫もできた。ここからはしばらく時間をさかのぼって、アメリカ東海岸の生まれ故郷や家族、学生生活、そして、どんないきさつで熊本に来るようになったかをたどってみたい。

リンカーンが似合う小学生

私、アラン・デビッド・ローゼンの誕生日は1945年4月23日。シェークスピアと同じ日に、米ニュージャージー州ベルマーの町に生まれた。ベルマーは東海岸のリゾート地で、そのころ人口約4600人。夏になれば主に国内から避暑客が押し寄せ、人口は3倍の約1万5千人に膨れ上がる。

父エイブラハムは1894年生まれのユダヤ系ポーランド人。第1次世界大戦の前に1人でニューヨークに渡ってきた。英語を勉強してベルマーの町で食堂を開き、サンドイッチやコーヒーを出していた。

ある日、ニューヨークから来た客に「部屋を借りたいんだが」と相談を受け、心当たりを紹介すると高額の仲介料が入った。軽食を出して稼ぐ何倍もの金。食堂に見切りをつけた父は、勉強して不動産屋に転職。小さな事務所を開いて成功を収めた。

そこでタイピングや事務の仕事をしていたのが、母エミリーだ。父は、18歳年下の若くかわいい母に夢中になった。母の家族は当初あまりいい顔をしなかったが、父の熱心な求婚で、２人は一緒になった。

私は父が50歳の時の子どもだ。３人きょうだいの真ん中。５歳上の姉サンドラと、４歳下の弟セオドア（テッド）がいる。姉は30代で亡くなったが、テッドは今も元気にテキサスで暮らしている。

子どもの頃、勉強はまあできる方だった。仲のいい友達が読書好きで、私も図書室からよく本を借りて読むようになった。音楽も大好き。当時、テレビで人気のフローリアン・ザバックというバイオリニストに夢中になり、６歳からバイオリンを習った。

隣町の教室へ母の運転で通ったのだが、ある時トランペットを吹いている友達を見て、楽しそうだな、とそっちもやりたくなった。さらにサクソフォンにも興味が出てきて、中学生までは30分バイオリン、30分トランペット、30分をサックスと、音楽教室を掛け持ちしたほど。練習を真面目にやるより、あれもやりたい、これも習いたいと欲張るタイプだったかな。

両親とも特に大柄な方ではなかったが、10歳頃からきょうだいで1人だけ背が伸び始め、12歳ごろには175センチを超えた。

ただし痩せっぽち。母は友人たちから盛んに「もっと食べさせなきゃ」と言われていたようだ。長身でひょろりとしていたので、学校の歴史劇ではよく、リンカーン大統領役が回ってきた。もちろん、いい役だ。

14歳で父から運転教わる

ベルマーとは「美しい海」という意味。アメリカの東海岸は直接大西洋に面しており、波が荒い。だから私はボディーサーフィン（サーフボードを使わずに体を波に乗せて行うサーフィン）が得意。泳ぎは……まあまあかな。アメリカの学校は知っての通り6月半ばから9月まで休みで、宿題もない。高校生の頃は毎日、家から10分余り歩いて海へ通った。

アルバイトも海。14歳の時からいろいろやったが、砂浜でビーチパラソルとチェアを貸すバイトが一番楽しかった。パラソル1本ワンダラー（1ドル）。バイト料は大してなかったが、一日中座って読書したり泳いだりして過ごしたものだ。

運転を覚えたのも14歳。教えてくれたのは父だ。冬のある日、家族で外食し、車で帰る途中、こう聞かれた。「幾つになった？」

息子の年を知らないの？「14ですよ」「14か。じゃあ運転を覚えようか」

後席に乗っていた母は怒った。「何言っているの。捕まったらどうするの」「運転と年齢は関係ない。身長は十分だ」と答えた父だが、周りを気にしたのか自分のオジサンくさい帽子を私の頭にかぶせた。「じゃあ最初のレッスン。ハンドルを握って」

私が両手でハンドルを握ると、「ダメダメ」と父は右手の親指を立てた。「いいかい、この車はパワーステアリングだ。だから親指1本でハンドルの下を押さえるだけでいい……とにかくリラックス、

13歳の時に参加したサマーキャンプでイロコイ族のチーフに扮した私。左右には両親

リラックス」。そう言って、父は親指だけでハンドルをクルクル回してみせた。

17歳になり、正式に免許が取れる年齢になった。筆記試験に合格した後、隣に警官を乗せて実技試験がある。私がいつものように、親指1本でハンドルの下を押さえると、警官は大声で怒鳴った。「何だそれは！」

「ステアリング、不合格。あと一つミスしたら失格」と宣告されたが、幸い後はノーミスで、私は免許を取った。

高校時代は1960年代前半。映画「アメリカン・グラフィティ」に描かれたのとまさに同じ時代だ。ビーチでバイトをしたり、仲のいい友達とトランプに夢中になったり、男同士で車に乗ってガールハントをしたり。

隣町のアズベリーパークの海岸に沿って、街をぐるりと一周できる通りがある。そこをグルグル回って女の子に声をかけ、ラジオではやりの音楽を聴いて、たばこを吸って……。そんな夏の夜も結構あったね。

高校新聞部でコラムニスト

1959年9月、14歳で地元の4年制高校「アズベリーパーク・ハイスクール」に入学。身長は187・5センチまで伸びた。

アメリカの高校の人気者は断然スポーツマンだ。日本と同じじゃないかな。男の子はやっぱり強くなりたい。将来は野球選手に、スーパーマンやバットマンになりたい。私は背が高く勉強もまあできた。だけど部活はブラスバンド部でトランペット。野球やバスケットにも挑戦したが、クラスの一番にはなれなかった。

そのせいというわけでもないが、10代の私や親しい友人たちには、多少不良ぶったところもあった。といってすることは、無免許運転や学校でこっそりたばこを吸ったり、斜に構えて先生たちをばかにしたりする程度なんだけど。

新聞部にも籍を置き、4ページの学校新聞の最終面にコラムを書いた。私はローゼンだから、ニックネームは「ローズ」。それでコラムのタイトルは「The Rose Knows（ザ・ローズ・ノーズ＝薔薇《ばら》は知っている）」。中身はともかく、タイトルはよかったね。コラムではないが、書いた記事で先生たちをからかったと思われ、呼び出しを食らったこともある。

さて、アメリカで高校を卒業して大学に入るには、大学適性試験（SAT）を受けなければならない。日本の共通テストのようなもの。試験のための教科書があり、それをもとに勉強した。目指したのは、米国の名門私立大学8校のグループ「アイビー・リーグ」。

父はアメリカの大学ランキングなどは分からない。ただアイビー・リーグがエリートの大学ということは知っていて、「合格したら好きな車を買ってやる」と言ってくれた。受験勉強の間、その言葉がずっと頭の中に響いていた。

懸命に勉強して、アイビー・リーグの一つペンシルベニア大学に受かった。父はとても喜んでくれたが、待ち望んだ車の話はなかった。忘れてしまったのかな。でも、今も忘れられないあの夜、食事を終えて父は言った。「さあ、車を見に行こう」

私が欲しかった車。それは英国製の高級スポーツカー「ジャガー」だ。高校の通学途中に販売店があり、展示台の上に、カナリアイエローのXK－Eタイプが飾ってあった。だが、父は「シボレーの店に行こうか」と言った。シボレーなんて、全く興味ないよ。父の言う「好きな車」とは、「父の好きな車」だったのか。でも欲しいのはジャガーなんだ。神様！

憧れのジャガー、父、涙

祈りが通じたのか、シボレーの店は定休日だった。私は思いきって言った。「お父さん！」。実はね、ジャガーという車がある。イギリス製のスポーツカーで、すごくいいんだ。「そうか。じゃあ行ってみよう」

心臓がドキドキした。店に着くと、目の前に憧れのジャガーXK－Eタイプがあった。直列6気筒エンジンに本革シート。ステアリングホイールは上等な桜の木でできていた。車のガラスに値段表が貼ってある。トータルすると5400ドル。今の日本円で500万円くらいか、もっとかもね。父はそれを見て「ヒュー」と口笛を鳴らした。彼自身の車の倍くらいの値段だった。もうダメか、と覚悟したけど、父は言った。

「入ってみよう」

既に夜8時近くで、客は誰もいなかった。声をかけるとセールスマンが出て来た。

「息子はあの車が気に入ってる」「この車は特別ですよ。息子さんは目が肥えていらっしゃる」「ねえ。ワシは地元ベルマーの商売人でね……」。突っ込んだ商談が続き、セールスマンは言った。「オーケー。4900ドルで売りましょう」「分かった」。父はもう一度、息子と2人で話すと告げた。

「あのね、君は今から都会の大学に行く。高い車だから傷が付くんじゃないかな」。ショールームのソファに座り、父は用心深そうに言った。お父さんはお金持ちだけどケチよ、と母はよく話していた。買いたくない理由を探しているように見え

た。「大丈夫だよ。毎週ワックスを掛けるよ」「メンテナンスのお金も要る」「大丈夫、バイトで稼ぎます」

「４９００ドル。大変な金額だね」。そう言ってしばらく沈黙した後、父は私と目を合わせて言った。「買おうか」

私は動けなかった。こくん、と頭を１センチ動かせば、憧れのジャガーが自分のものになる。なのに、それができなくて、ただ涙がこぼれた。生まれて初めて父の深い愛を感じた。本当に欲しかったのは車ではなく、父の愛情だったのだ。そして言った。

「この車いらない。帰ろう」

今でも思い出すと涙が出る。数日後、父は中古のトライアンフのスポーツカーを買ってくれた。スポーツカーというより、まるでトラック。その車で私は大学に通った。父は私が来日する前年の１９７３年３月、79歳で亡くなった。

アイビー・リーグは競争社会

私が合格したペンシルベニア大学は、アメリカの名門私大連合「アイビー・リーグ」8校の一つ。ペンシルベニア州フィラデルフィア市にある。

郷里の東海岸ベルマーからは車で約2時間。フィラデルフィアはアメリカの「始まりの街」。1776年の独立宣言署名の地だ。日本では、映画「ロッキー」の舞台と言うと分かりやすいかもしれない。

大学の創立者は、合衆国建国の父の一人、ベンジャミン・フランクリン。多くの優れた卒業生を輩出した誇れる母校だけれど、最近ちょっと残念なのは、あのドナルド・トランプも卒業生だということ。

大学では1年生は寮に入ることが多い。2年目からは、学内にたくさんある学生組織「社交クラブ」のいずれかに入会を認められると、クラブの宿舎に入居できる。男子学生中心のクラブは「フラタニティー」と呼ばれ、百年以上の伝統を誇るクラブも少なくない。

ただし、クラブの性格はさまざま。メンバーを白人キリスト教徒だけに限り、女はダメ、黒人ダメ、ユダヤ人ダメ、アジア系ダメといったところもある。

アメリカの総合大学は入った時は学部がない。2年生になって進路を決める。最も人気が高く、競争が激しいのは医学と法学。本格的な専門教育は大学院から始まるが、2年生以降は大学院進学に有利な専門コースを選ぶことができる。

私は最初、医者になろうと思った。だから「Ｐｒｅ－Ｍｅｄ（プリメッド）」と言われる医学部向けコースを選んだが、すぐに自分には向いていないと思い知らされた。医師を目指す学生たちは、とにかくいい成績を取るために、激しい競争を繰り広げていた。実験中に、他者の足を引っ張り合うような嫌な経験も見聞きした。みんな自分の成功だけしか考えていないように思えた。

父は名門大学に合格した私に、医師か弁護士になることを期待していたが、実のところ私自身は、やりたいことがあるわけではなかった。医学に進みたいと思ったのは、アメリカでは医師か弁護士が収入がよく、自分が選ぶべき仕事だと考えていたから。医学を諦めた後は法学コースに進むことになったが、先のことはよく見えなかった。

そんな大学生活の中で、楽しみだったのが文学の授業。物語を読み、互いに意見を述べ合う。それが面白くて、全く苦にならなかった。

ALAN DAVID ROSEN, 600 12th Ave., Belmar, received a bachelor of arts degree from the University of Pennsylvania.
Congratulations!
I wish you continued
success.

ペンシルベニア大学の卒業時に地元紙に写真が掲載され、新聞社からメッセージ付きの切り抜きをもらった

「何これ？」――日本との出合い

１９６６年、大学も４年生になった。学生なら誰だって楽をして単位を取りたい。アメリカの大きな大学には、学生が出版したガイドブックがあり、授業内容や難易度、絶対に避けた方がいい先生などが解説されている。それを読んでまず「音楽40」を申し込んだが、既に満席だった。次の〝楽勝〟の講義も選に漏れ、急いで見つけたのが「オリエンタルスタディーズ（東洋研究）５７８」。これが私にとって、日本との初めての出合いだった。

「東洋研究」は人気の講義ではないが、私自身は半

分興味があった。友人たちは絶対取らない類いの科目だし、個性的だし、ちょっと面白そう。受けてみたら、本当に面白かった。

とにかく、「何これ?」の連続だ。最初に「モノノアワレ」とか「ワビサビ」が持ち出され、「こういう考え方を理解しないと、日本文学や日本文化は分かりませんよ」と、白人のE・D・ソーンダーズ先生(三島由紀夫や安部公房の翻訳で知られる)は言った。

当時のノートをまだ持っている。コジキ、アマテラス、スサノオ、オカシ、ミヤビ、ゲンジ、ヘーケ、カマクラジダイ……。

試験問題もある。5分で説明せよ。ユーゲン、マクラノソーシ、シテ、ダンノウラ……。引用文から題名を答えよ。「アイアム　クマガイノナオザネ……」。ちなみに答えは能の「敦盛」。

米国の大学生である私にとって、全く何の役にも立たない。でも、その「役に立たなさ」が逆に面白い。日本って不思議だ。面白いなあ。海の向こうにこんな世界があるということだけで、すごいと思った。ただし、その時の私はもちろん、自分が数年後に日本に住むことなど予想もしていない。

徴兵検査を受けたのもこの頃。アメリカはベトナム戦争の真っ最中だ。行きたくない！　当時、いろいろと〝逃げる〟方法があるとされていた。一番いいのは病気だ。大学院生も1年猶予される。郷里のベルマーからバスに乗り、検査が行われる大都市のニューアークへ出掛けた。

面接で医師に、病気がないかどうか聞かれた。「背骨が曲がっています……肝臓も弱いし」。偶然だが、医師はベルマーの隣町の出身で、「どれどれ」と私の〝曲がった背骨〟を確認してくれた。結果は不合格。最後に兵隊さんから大声で「あなたは、米兵に、ふさわしく、ありません」と投げ付けるように言われ、私の徴兵検査は終わった。父も母も大喜び。ちょっとずるかったかもしれないが。

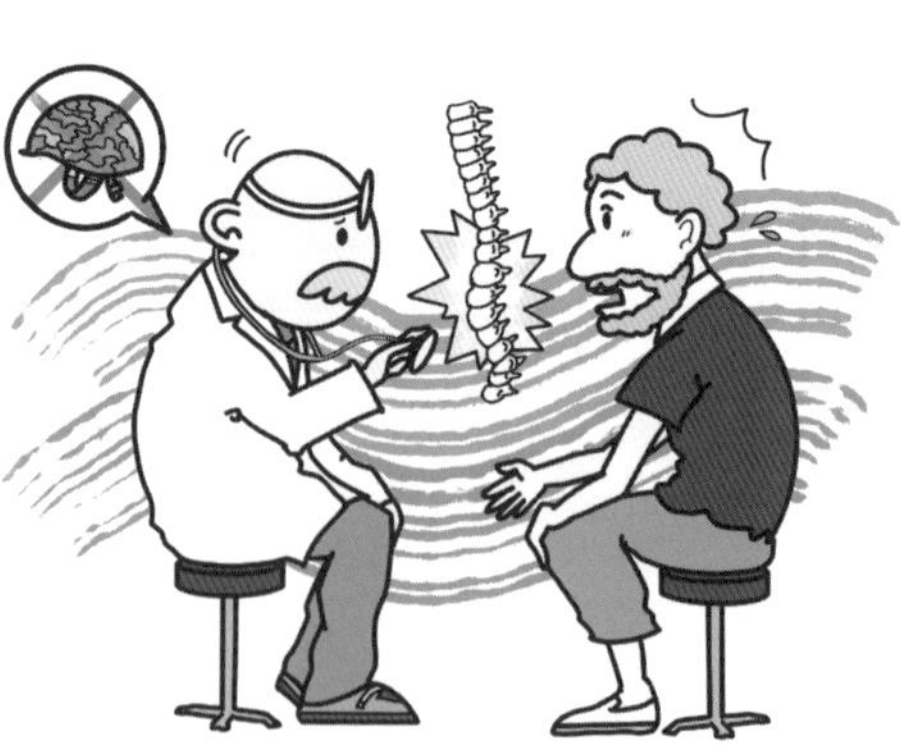

アフリカか弁護士か文学か

大学卒業が迫っていた。医学の道は諦めたので、選択肢は三つ。①文学部の大学院②法学部の大学院③ピースコア——米国版の青年海外協力隊。ケネディ大統領の提唱で創設された(むろんこっちが先)。

私はまずピースコアの試験に受かり、2年間アフリカのシエラレオネに行ける資格を得た。法学部大学院の共通試験にも挑戦したが、受験当日に体調を崩してしまい失敗。後でもう一度受けたら今度は好成績だったものの、結局は文学部の院に進むことにした。まず文学を学び、合わなければピースコアを選べばいい。

父に聞かれたことがある。「文学大学院に行って何になるの?」。まあ、文章力がつくだろうし、卒業後は新聞記者とか、教師とか。父は給料が安い教師はあまり気に入らなかったようだが、大学の教師、プロフェッサーなら何だか偉そうと思ってくれたみたいだ。そこで、大学院に進むなら博士号を取ろうと決めた。だって、ほかにやりたいことは全くなかったから。

やってみる。私の人生はそれだ。まずやってみて、そのまま行っちゃった。日本もそう。まず行ってみる。日本に住んでみて、好きなところもそうでもないところもあるけど、「うん、これでいける」。そういうタイプ。

1967年9月、フィラデルフィア郊外にあるブリンマー大学の大学院に進み、そこで英文学を学んだ。ブリンマーはその昔に津田梅子が留学し、津田塾大学の手本にしたとされる名門女子大。男女共学の大学院がある。

歴史のある美しい校舎が建ち並ぶこぢんまりした学校で、都市型のマンモス大学だったペンシルベニア大学とは全然違った。何を勉強するかは学部長との面接で決め、講義は少人数のゼミだけ。それも週3コマが上限だった。

ただし、1回2時間半のゼミのために何冊も本を読み、何十ページもリポートを書かされた。最初のゼミの先生は年配の女性だったが、初めての発表で「このくらいのレベルではうちの大学院ではダメ。次は再来週」と手ひどく叱られ、私は泣いた。

次の2週間、ほとんど寝ずに勉強して、スウィフトの『ガリバー旅行記』の発表をすると、今度はとても褒められ、手のひらを返したように良好な関係に。同じゼミの友人は後々まで厳しくいじめられ、かわいそうだったなあ。

修士から博士課程に進み、次はいよいよ博士論文。テーマに選んだのは『失楽園』などで知られるイギリスの大詩人ミルトンだ。

文学博士に、でも仕事がない！

博士論文の指導教官、ステープルトン先生は60過ぎの女性で、歩くのに杖を使っていた。厳しくて優しい魅力的な先生で、彼女の下で論文を書きたくて、ミルトンをテーマに選んだようなものだ。週に1度、指導を受けに教授用アパートメントの2階へ通った。

「カモンアップ、アル（アランの愛称）」。玄関のベルを鳴らすと、先生は毎回そう言って招き入れてくれた。椅子に座り「飲みましょうか」と言うのが始まりの合図。私がコップを出してシェリー酒を注ぎ、少しずつ飲みながら話をした。「何を書いてきた？」

論文のテーマはミルトンの「戦争と平和」。彼のエッセーにも詩にも、戦争と平和の話題が多く登場する。代表作の長編叙事詩『失楽園』はアダムとイブがエデンの園から追放される物語だが、これは神と悪魔の戦いを描いており、戦争シーンも少なくない。

ミルトンにとっての平和は、単に戦争のない状態というだけでなく、常に揺れ動いており、人々が努力して保つものだという考えがある。かなり長大な論文になった。ワープロなどないから何度も書き直し、そのころ付き合っていたタイプライターの得意な彼女が手伝ってくれた。

論文を提出して文学博士号を取り、大学院を出たのは1972年の春。そのまま文学研究者になるか、新聞記者になるか、テレビなどコミュニケーション関連の職に就くか。

ガウンを着て大学院の卒業式に。
左から弟のテッド、父、私、母

しかし、当時のアメリカは不景気で大変な就職難だった。大卒は特に仕事がなく、中でも三つの要らない分野といわれたのが、物理学、歴史学、そして文学。あちこち探し回って高校の英語の臨時教師に採用された。フィラデルフィア女子高という公立のエリート校で、数カ月の約束だったが1年まで延びた。

生徒に教えるのは楽しいし、評判も悪くなかった。学校の勧めもあって教師になろうと思い、高校教員免許を取れる夜学へ。ところが地域の高校教師組合から、「いきなりエリート校のフィラデルフィア女子高はダメ。まずはキング牧師高から」と注文がついた。

キング牧師高って……窓がなかった。なぜか分かる？　窓ガラスは全部割られてしまうからだ。そんな身の危険を感じるような高校に何年も勤務しないと、エリート校には行けないという。仕方なく高校教師は諦め、短大や宗教系大学の非常勤講師で食いつないだ。安定した仕事はなかなか見つからなかった。

不思議の国ニッポンへ出発

「あなたまだ仕事探してるの？　じゃあニッポンに行く気はある？　ニッポンの大学が英語教師を探してるんだけど」。大学院の教授から電話をもらったのは1974年だった。

日米協会（1917年設立の民間交流団体）の関係者から、大学に募集が回ったらしい。私が最初のオファーでないことも分かったが、汽車でワシントンまで行き、面接を受けた。「勤務地はクマモト、九州ですよ。知ってる？」。もちろん知っている。日本で一番南の島だ。「違います。一番南は沖縄」

合格した。クマモト大学教養部。2年契約が決まったら急に怖くなったけど、友達や当時付き合っていた彼女が励ましてくれた。遠い国、不思議の国ニッポン。まるで火星に行くような気になった。強くならなければならない。その年の夏、私はひとりで車に乗り、アメリカとカナダを横断する旅をした。世の中はニクソン大統領のスキャンダル「ウォーターゲート事件」で持ち切り。大統領は8月、辞任に追い込まれた。

9月になった。まずニューヨークから飛行機でロサンゼルスへ。日本の国立大学はJAL（日本航空）しか使わせないし、当時、JALの日米直通便はロス－羽田間しかなかった。羽田行きの待合室で、まだ日本へ出発もしていないのに、ベンチに座った私は愕然《がくぜん》とした。

日本行きが決まってからペンシルベニア大学の大きな書店で日本語入門の教科書を買い、2カ月間、猛勉強した。「30時間で日本語マスター」という本も買ったが、最初の10ページを読むのに30時間以上かかった。JALの待合室で、周りの日本人の会話に耳を澄ませた。しかしどれだけ懸命に聞いても、理解できる言葉は何一つなかった。

英語で最もよく使う言葉は「I（私）」。「Iくらいは聞き取れるはず」。今なら日本語に「私」や「あなた」がほとんど出てこないことは知っている。でも待合室でワタシという言葉が全然聞こえてこなかった時は、本当に途方に暮れた。もうダメだ。

小銭をかき集めて公衆電話から母に電話した。「もうダメかも知れない」と言った私に母は優しく言った。「2年間我慢せずに、いつでも帰っていらっしゃい」

ところが——。飛行機に乗ったら熱いおしぼりが出た。周りはみんな顔を拭いている。気持ちいい！　機内用のスリッパが配られた。安い紙製だが、私は何だか楽しいこともあるみたいだと思い始めた。

1日だけの東京、浴衣に歓声

飛行機で隣に乗り合わせた日本人は、若いボクサーだった。ロサンゼルスで頑張っていたが、帰国するところだという。「東京の街を案内するよ」。親切に電話番号を書いたメモをくれたが、羽田に着いた私は疲れてしまい、電話する元気がなかった。原因の一つはビザ（入国査証）だ。

来日前の話に戻るけど、日本に渡り、働くにはビザが必要。アメリカでパスポートをつくり、熊本大学からビザが送られてきた。手紙によれば、このビザはとても「強力」だ。「この方は熊本大学の外国人教師になります。日本国文部大臣」と書かれ、大臣のはんこが押してある。「入国審査の際も絶対に大丈夫」とのことだった。

だが、羽田の入国審査で引っ掛かった。他の乗客はさっさと入国できたのに、私だけ「ちょっと待ってください」と別室へ。入管の人があちこち電話してOKが出るまでに、すっかり待ちくたびれてしまった。

そのころのアメリカの若者の格好として、私は長髪で、ひげを生やしていた。私の顔と文部大臣の立派なはんこを見比べて、怪しく思われたのだろうか。どうも熊大のビザは「強力すぎた」ようだ。

疲れていたが、日本初日のホテルは忘れられない。チップをあげようとすると要らないと言われ、チップのない国だ、困ったなと思った。ベッドの上の浴衣を見て、「わあ、ニッポン」と声を上げた。テレビをつけ、全ての番組が日本語で流れているのを確かめた。

次の日、朝7時半出発の便で熊本へ飛

んだ。事前の連絡がうまくいかず、熊本空港で独りぼっちになったのは、この本の冒頭で紹介した通り。こうして1974年9月、私は熊本の住人になった。

◇　◇

熊本に着いた最初の日。教授会でのめちゃくちゃな日本語のあいさつを終えると、私の世話人、教養部の谷川二郎先生が、「住む家に案内します」と車に誘った。谷川先生はその時三十四、五かな。まだ若かったのに、車はじいちゃんが乗るような、色気のない車だった。何というのか、そう、ブナン。

日本人はみんなこんな感じだろうか。彼が典型的な日本人なのか、例外か。来日したばかりの私には比較ができない。最初の数年は、出会った人が普通の日本人なのか、それとも変わっているのか分かるまでに時間がかかった。そして実のところ谷川先生は典型的ではなく、かなりユニークな人であることが、だんだん分かってきた。

日本の食事、2週間でダウン

私の「世話人」になった谷川二郎先生（熊本大学教養部助教授、のち文学部教授）は鹿児島出身。家は西合志（現合志市）にあった。2階建ての大きな家の1階に谷川先生の家族4人が住み、2階は電波高専（現熊本高専）の学生たちに下宿として貸していた。九州農業試験場が近く、牛や鶏、いろんな動物の鳴き声が朝晩聞こえた。

到着すると、ちょうど奥さん（優しくて大好きだった）が掃除を終えたところだった。私が初めて住んだ日本の家は、2階建てに隣接する小さなかわいい平屋。広島出身の奥さんの母親が将来住む予定で建てられたものだった。6畳二間にちょっとした台所、3畳の書斎。台所の真ん中には大きなテーブルがあった。

「初めまして」「どうぞ」と言われて家に上がったとたん、みんなが「わー」「ダメ、ダメ」と騒ぎ出した。靴のまま上がってしまっていた。もちろん日本の家に靴を脱いで上がることは、頭では分かっていたけれど、興奮して忘れてしまったのだ。

毎朝、「ローゼン先生」と声がかかり、高専の子たちと一緒に食卓を囲んだ。「クラオカくーん。ご飯ですよお」。下宿生を呼ぶ谷川先生のお母さんの声を今も鮮明に覚えている。

テーブルにつき、椅子に座っての食事だったが、メニューはご飯とみそ汁、目玉焼きなどをお箸で食べる「純日本食」。もう10月だったから、目玉焼きは食べる頃には冷えてしまっていた。箸を使うのも初めてで、食べにくくて泣きたくなった。私のアメリカの目玉焼き、温かくて、パンと一緒の食べ物とは、味も何もかも違うように感じた。

フォークを出してもらうこともできたが、日本に来たのだからさまざまなことに慣れなければならない。とにかく日本人と同じようにしたい。そんな意地もあった。だが、使い慣れていない箸の食事はきつくて、毎日親指の筋肉がつった。

朝昼晩、コメ、コメ、コメ。パンもなし、コーヒーもなし。お昼は大学の学食だが、1974年当時はそこでも、パンやコーヒーの食事は全くなかった。「ここは日本だから、なくてもいい」と頑張っていたつもりだったが、熊本に来て2週間後、私は寝込んでしまった。

熱がなかなか下がらず、谷川先生が麦茶を持ってきてくださった。しかし、私の頭の中に浮かんでいたのは、子ども時代、具合が悪い時に飲んだハチミツ入りの紅茶と、軽くバターを塗ったトーストだった。

「遅刻魔」の先生にやきもき

3日ほど高熱が続き、谷川先生も心配して熊本大学医学部附属病院に連れて行ってくれた。まず驚いたのは靴を脱いで、誰が履いたか分からない古いスリッパに履き替えたこと。当時の熊大病院はまだ古い建物だった。

いろいろ診察を受けた後、私は新しい単語を覚えた。「ベンピ」だ。考えてみたら、ロスの空港が最後。日本に来てから一度も出ていなかった。

医師が熱を測ると言って体温計を出した。アメリカでは舌の下に体温計を入れて測る。私は口を

アーンと開けてくわえようとしたが、手に持った体温計がどんどん逃げていく。「この医者、大丈夫か」と思った時、付き添いの谷川先生が「ハハハハ」と笑って、日本では脇の下で体温を測ると教えてくれた。口には入れない、と。でも、口で測った方が正確なんじゃないかな。

病院で薬をもらった後はすっかりよくなった。朝昼晩の慣れないご飯、そしてストレスもあったんだろう。実を言うと、当時は和式トイレの使い方にも自信がなかった。毎日、アメリカと日本でいろいろなことが違う。大変で、だけど面白い。

谷川先生は、誰よりも私の先生だった。日本の暮らしとか、文化とか。来日した当初の私は赤ちゃんみたいなもの。彼に頼らなければ何もできなかった。

熊本に来て数カ月は、ほとんど谷川先生と一緒に授業していたし、いつも行動を共にしていた。西合志の家から熊大のある黒髪まで車で30分余り。来日したばかりで車もないし、日本の免許もない。私の授業がない日でも、谷川先生が熊大に出れば、私も一緒についていった。

ただし先生は筋金入りの「遅刻魔」だった。私の授業が迫っている時間でも、ゆっくりゆっくり身支度をして、いつもぎりぎりになって出発した。国道3号は当時も混んでいて、私を焦らせた。「そんなに神経質にならなくてもいいよ。もっとリラックスして」と谷川先生は言って、そんな時に限って国道沿いのガソリンスタンドに車を止め、洗車を始めるのだった。

「どうして？　なんで今から洗車するの。もう授業が始まっちゃうよ」。焦る私に、先生は洗車チケットをヒラヒラさせて不思議そうに言った。「だって君、これは無制限のチケットなんだから。期限内なら何度洗車してもタダよ。なんで理解できないの」

自分の車を手に入れるまで、私の授業はいつも遅れて始まった。そして谷川先生は帰り道もむろん、洗車に立ち寄るのだった。

週に7コマの授業こなす

外国人教師は日本人の教授、助教授とは契約が違う。私たちの立場は、熊本大学の前身である旧制五高で教鞭を執ったラフカディオ・ハーン（小泉八雲）の頃からほとんど変わらない「お雇い外国人」だった。

日本人の先生の授業は週に約5コマだが、外国人教師は会議などがないので7コマ。当時の授業時間は100分で、今より10分長かった。1、2年生対象の英会話の授業は人数も多く、来日当時は1クラス60人が当たり前だった。

当初は谷川先生と組んで2人で教えていた。学生さんはみんな似ていて、区別が難しい。髪が黒い。背は高くない。素直だったが、自分からはあまり話そうとしない。特に1年生は受け身的だった。

私が「How are you（ハウ・アー・ユー）」と呼び掛ける。本来は学生に答えてほしいんだけど、誰も何もしゃべらない。そこで谷川先生が「みなさんお元気ですか」と日本語に訳す。次に私が「I'm fine, thank you」と言うと、谷川さんが「みなさん、はい、アイム・ファイン、サンキュー」と促し、学生が「アイム……」。

「これって一体、大学の授業なのか」と悩むこともあったが、とにかく私の役目はテープレコーダーだった。教育に関する私の考えはどうでもいい。ちゃんとした英語で言えばいい。はい、リピート。

英語、ドイツ語、フランス語、中国語など、熊本大学にはネーティブスピーカーの教師が何人もいた。しかし、大学の外国人教師とは何なのか、日本人の先生に聞いてもよく分からない。A先生に言わせれば「あなたは発音のお手本」。B先生から見ると「私たち日本人教師のサポート」。C先生は「私たちが英会話を教えるのはめんどくさいからその代わり」。それぞれ答えが違う。

今は授業の中身も変わり、学生の英会話力は以前より向上している。一方で話す力に対し、読む力、書く力は低下した印象だ。

とはいえ、英語で自由にしゃべれるようになるには、週に1、2回の授業ではとても足りない。2000年頃に米モンタナ大学の交流教員として1年間赴任した際、日本語科に所属して授業を手伝った。毎日、授業があり宿題がある。

LL教室（視聴覚機材を備えた語学実習教室）も、各自で週に6時間くらい自習しなければならない。かなり集中的に勉強している。それくらいやれば、日本人だって間違いなく英語が話せるようになる。

大きなはんこ、漢字で「老禅」

熊大に赴任して1週間ほどたった日のこと。教養部長の金子正信教授が一枚の紙を手に話し掛けてきた。「ローゼンさん、あなたの出勤簿に押す印鑑が必要です。そこで考えました、これがふさわしいかと思って」

そう言って見せてくれた紙には漢字で「老禅」の2文字。私の姓「ローゼン」を漢字に充てた「名前」だった。

金子先生の説明によれば「『老』は、ただ年寄りというだけじゃなくて、とにかく重み、深みがある字。中国では尊敬の意味が含まれている。『禅』は東洋的な禅宗の言葉。それにあなたはまだ若いから、『老禅』はかえって面白いよ」。

私は思わず「おお」と声を上げた。実は西洋人は「禅」が大好き。ゼン、コーアン（公案。修業のために与えられる問題）、メディテーション（瞑想《めいそう》）……。興味ない人の方が少ないくらいだ。「そうだ、ローゼンのゼンは『禅』だ」。私はとてもうれしくなった。

早速、谷川先生と一緒に子飼商店街の印鑑屋さんへ出かけた。印鑑の種類もサイズもとても多くて驚いた。「老禅」の字のはんこはもちろん在庫品にないから注文になった。どんな書体にするか。そしてサイズ。

小さくても大きくても、値段はあまり変わらないとのことだった。「じゃあ大きいのに」。谷川先生も賛同してくれた。「これはいい。大きくて学長みたいだ。立派なもんよ」

数日後、初めて出勤簿に

はんこを押そうとしたら、押印スペースの何と小さいこと！　私の立派なはんこは大きくはみ出してしまった。これはいかん。みなさん小さな印鑑でポンポンときれいに納まっている。毎日押す度、自分だけが目立っているようで心配になった。「これじゃまずくないですか」と谷川先生に尋ねたが、「いやいやかまわない、はみ出ても大丈夫」と言う。それで出勤簿の私のはんこは、窮屈に重なり合って並ぶことになった。

妻と付き合い始めた当初は「『禅』はいいけど『老』はねえ」などと言われ、変えようかと思ったこともある。うまい組み合わせがなくて、結局、「老禅」の印鑑は、私の実印になった。

名前のアランにも漢字を当てたことがある。「阿嵐」とか、「阿蘭」とか。今は使ってないけど、考えることは楽しい。たまたま私の名はローゼンで、漢字を当てやすいということもあるが、漢字は日本文化の大きな魅力の一つだ。同じ東欧系の名前でも、「ドンブラウスキー」とかだったら大変だったよね。

「初がっかり」事務との攻防

見るもの聞くもの新鮮な熊本だが、残念ながらがっかりすることもある。私の「初がっかり」。それは熊大の「事務」だった。

当時、米国から日本への渡航費は数十万円。自費で立て替え、領収書を提出するよう言われていた。就職に苦労した「文学博士」にとっては結構な金額。熊本に到着した時には、財布がだいぶ軽くなっていた。

事務に領収書を持っていった数日後、「ローゼンさん、時間ありますか」と呼び出しがかかった。「この項目は何ですか」。谷川先生が通訳する。旅行社の領収書には切符代をはじめ細かな費目があった。「詳しいことは知りませんが……」

「知らないでは困ります。ローゼンさんはニュージャージーにお住まいですね。そして出発はニューヨーク。しかし旅行会社はフロリダ州の会社。どうしてわざわざこの会社を」「親戚が勤める会社です。安くていい切符を手配してもらえると思って」「ふーん。じゃあ今日のところは結構です」「今日は、って……」

また呼び出された。「この1ドル少し（350円くらい＝当時）は何ですか」「……分かりません」「説明できないと支払いはできません」「分からないので……じゃあその支払いはいいです」「いや、全てちゃんと説明できなければ」。調べた結果、フロリダ州の税金のようだった。

「それからね、ローゼンさん……」。次はタクシーで空港まで行ったことを責められた。だが鉄道は日本のように便がなく、バスでは前泊しなければならない。私はまるで疑われているように感じた。「私はお金を儲けようとしていません。これは普通のことです」。何度も事務に呼び出され、お金はいつまでも入ってこなかった。

結局、3週間くらいかかったかな。気は進まないが借金もやむを得ないと思い始めた頃、谷川先生が来て言った。「事務に行きましょう。お金が出るから感謝を言いに行かないと」

「感謝？」。私は思わず大きな声を出してしまった。「いじめられたと思っているのに、感謝しに行かなきゃいけないの？」

国立大学の事務方は強い。「外国人だからいじめられるのか」と周りに聞いたら、「日本人も同じ」と言われた。事務がＯＫしなければ、出張もできない。本も買えない。先生たちもペコペコしている。

少しずつ分かってきた。杓子定規、事なかれ主義。彼らは彼らで大変だろうとは思うが、私は私で、これまで何十年も戦ってきた。勝ったことはない。

バイクで発見、宝物の場所

時折、街から離れて日本の自然を味わいたいという気持ちが強くなる。教師の仕事は忙しかったが、授業が終われば結構自由があった。来日当初、谷川先生の車に同乗しないと動けなかった私はまず車を買い、次にバイクを手に入れ、空き時間にあちこち出かけるようになった。

アメリカでバイクに乗ったことはなかったが、別の大学のアメリカ人女性教師がバイクに乗っていた。「憧れるけど乗り方が分からなくて」と持ち掛けると、親切に教えてくれた。

国道3号沿いの里永小型でホンダの360ccを買った。最初は店の若者に熊大まで運転してもらい、私は後ろの席。校内で1人で練習して何とか上達し、初めて西合志の家に帰ると、谷川先生から厳しく叱られた。「危ないのに勝手に相談せずに買うなんて。バカなことの傑作よ」

でも、バイクはいい。風を感じる。彼女はいなかったが、バイクが彼女だと思った時期もあった。年を取ってもバイクに乗って旅するかっこいいじいちゃんになるつもりだったが、60を過ぎると危ないと言われてね。

初夏の天気のいいある日。とにかくつながっている道を真っすぐに、どこまで行けるか試してみたことがある。大津町を過ぎた辺りで行き止まりになったが、右側にポツンと古い鳥居があった。細い登り道が通じていた。私はバイクを降りて歩き始めた。

その日は私にとって、大発見の日となった。緑の木々と斜面の岩肌。どこからか川のせせらぎが聞こえる。涼しい風が吹いてくる。誰もいない。「そうだ。こういうところを探していたんだ」と感動した。

突然、目の前に古い石段が現れた。まるでカンボジアのジャングルの中にある仏教遺跡みたいだ。登り切ったところに、今まで見たことのないような造りの古い神社が、絶壁に張りつくように立っていた。上から滝が落ちていた。魔法のような、夢のような場所。誰にも教えない、と決めた。

今では随分知られるようになった。私がたどり着いたのは大津町外牧の岩戸神社だ。その後かなり手が入り、当時の面影そのままではなくなった。現在は熊本地震で登山道が崩落し、参拝できないというから心配だ。

最近は海外でも、日本の自然が好きな人が増えている。今、欧米やオーストラリアの人たちに一番の人気スポットは、和歌山の熊野古道。私は行ったことないけど、代わりに熊本のあちこちで、宝物のような風景をいくつも見つけた。

習字の先生がドライブの友

西合志の谷川先生の家には1年半住んだ。いいところだったが、大学から遠いのが難点で、私は新しい家を探した。大学に近い。街にも近い。ちょっと自然がある。うるさくない。家賃も……。

立田山に程近い、龍田陳内の小さな家が見つかり、1976年春から念願の独り暮らしを始めた。引っ越し前に買った愛車はホンダシビック。ただし日本人向きの運転席は私が足を伸ばすとつっかえたため、ディーラーに頼んで特別に、座席のスライドを20センチほど後ろに継ぎ足してもらった。

英語教師の仕事もやがて2年の満期を迎える頃だった。以後は1年更新になったが、周囲の人たちはいつまでも続けていいと言ってくれた。言葉も少しはできるようになった。最初は心配したけど、日本は面白い。給料も上がった。友達も増えた。楽しい日本の独身生活だ。

これはまだ龍田陳内に引っ越す前だが、習字も学び始めた。当時、熊本に住む外国人は限られていたが、そのひとりで英語教師だったウッディさんの勧めだ。

「習字は海外へのお土産にとてもいい。紙だから安くて軽い。うまい下手は、向こうでは分からないから構わないし」。それはいい。もともと漢字には興味があった。彼が前に習っていた先生を紹介してもらい、週に1回、通うことに。

吉田牧子先生は私より26歳年上で、当時は50代。4人の子どもは独立し、数年前に書家の夫を亡くしたところだった。

お宅を訪ねると、いつもすぐには授業が始まらず、お茶が出てくる。ちょっと困った。日本語の会話はまだ苦手というか、面倒くさい。時間も限られているし、早速練習に入りたかった。ところが先生の方は、いろいろとおしゃべりがしたい。

吉田先生は前にも外国人を教えた経験があり、「外国人は怖くない。面白い」という気持ちが強かったようだ。教え子にはジャーナリストのトム・リードさんがいる。熊本で英語教師をした後、ワシントンポストの記者に転身し、後に極東総局長を務めた。

話してみると、先生はとても聡明《そうめい》で、心の優しい人だった。私たちはすぐにうち解け、親しい友達になった。頭がよくて、日本や熊本にすごく詳しい吉田先生と、道も分からずどこへ行けばいいかも知らないが、車は持っている私。こうして2人は、休日の度に県内外のあちこちへドライブに出かけることになった。

習字の練習に真剣＝1975年ごろ、自宅で

運転しながら日本語修業

吉田牧子先生と私のドライブは週末ごとに続き、車の中ではしゃべり通しだった。先生がおしゃべりをする。私のわからない単語が一つ出てくる。「その単語がわかりません」と言ったら、彼女が説明する。でもその中に、今度は知らない単語が二つ出てくる。話せば話すほど遠ざかっていく感じで、運転をしながらの日本語はとても疲れた。

吉田先生も英語を全く知らなかったわけではないと思うけど、自分から使おうとはしなかった。そして私のために、なるべく標準語を使おうと努力していたと思う。

ある土曜日、阿蘇にドライブに行くことになり、先生の家まで迎えに行った。私の日本語はまだまだで、何とか会話ができる程度。いつものように時間通りに玄関に出てきた彼女に、道が分からないかもと思って尋ねた。「地図がないですか」

「地図がほしいの？　地図が必要？」と先生。「必要かもしれないよ。あった方が便利でしょ」

「アメリカ人は、いつも旅に出る時に地図を持っていくの？」「知らないところに行くなら地図を持って行くよ」「地図はあるけど、古いから役に立たないかもしれないよ」「少し古くてもそんなに問題ないと思いますよ。そんなに変わらないでしょ、地図は」

それでも吉田先生は新しいのがいいと言った。私たちは近くのスーパーに出かけた。こんなところに地図

米国訪問中の吉田牧子先生（中央）。ワシントンポスト記者になったトム・リードさん（右）とも再会

が？　確かにアメリカでは、地図は本屋や文具店だけでなく、スーパーにも置いてある。しかし、彼女はそのまま真っすぐ食品売り場へ向かった。それで分かった。「地図とチーズは違うよ！」。私たちは大笑いした。

ドライブだけでなく、国内外のあちこちにも旅行した。四国、竹富島、石垣島、台湾……。私が夏休みにアメリカへ帰った時、ツアーで渡米した彼女とニューヨークのマンハッタンで落ち合ったことも。

1週間ほどツアーを外れた彼女を、ニュージャージー州の東海岸の家族の家に招待した。母と弟と一緒に大歓迎し、地元の店を案内したりしたものだ。

私は今も毎週火曜の午後、吉田先生の家に欠かさず通い、習字を教わっている。先生は、書だけではなく絵も上手で、素朴だが味のある絵を描かれる。好奇心旺盛で、誰にでも親切で心優しい。百歳を超え、今は娘夫婦と3人暮らし。私にとっては日本の母のような、姉のような存在だ。

陶芸との出合い、最初はアメリカ

「焼き物をつくる先生が来るよ。デモンストレーションがあるから見に行こう」。まだ米ブリンマー大学の大学院で、英文学研究に懸命だった頃。美術史専攻の友人から誘われた。

バイクに乗ってやって来たのは、ボブ・ディランに似た若い男性だった。レイ・バッブ先生は後年、アメリカでも有名な陶芸家になる。公開授業に参加して初めて土をこねた。大きなろくろで、何もない土からかたちをつくるのが楽しくて、本格的に学んでみたくなった。

焼き物に関心を持った学生4、5人で愛好会をつくり、先生の指導を受けた。大学の食堂の地下、暗くて汚くてちょっと臭いスペースだったが、ろくろを置いた。窯はなく、先生が自分の大学で焼いてくれた。

私が初めてつくったボウルもそうやって、先生がバイクで届けてくれた。ビスケットのような色をした、シンプルなボウル。包んでいた新聞紙を開けた瞬間、思わず歓声を上げてしまった。先生は「クリスマスの朝、プレゼントを開けるみたいにワクワクするよな」と笑っていた。

大学院で勉強する英文学は、かたちの見えない言葉ばかり、頭の中で考えるばかり。手を使い、美しさが実際のかたちになる陶芸はいい気晴らしになって、マグカップや鉢、お皿など、ひたすら円い器を作った。

熊本に来て、少しずつ余裕ができた頃、再び陶芸に興味が向いた。日本の焼き物はもちろん世界的に評価が高い。やってみたい。じゃあ、どこでやるか――。

当時、熊本大学教育学部の美術科に陶芸の授業はなかったが、誰も使っていないいろくろが数台あるのを見つけた。来日前から私と熊大の折衝役で、何かと交流があった教育学部の福田昇八教授に相談して、美術科の石原昌一助教授（のち教授）の使用許可が下りた。

粘土は石原先生たちが使う彫刻用の土がたくさんある。焼き物向きではなく、成形しているうちによくひびが入ったけど、大丈夫。窯で焼くつもりはなく、ろくろの練習でいいと思っていたからだ。

ほぼ同じ頃、産業道路沿いにあったRKK学苑の夜間教室にも通い始めた。そこで出会った師がまたよかった。人吉の村山一壺先生だ。学苑だけで飽き足りない人たちは、毎週日曜に人吉まで通っていた。

私も朝からバイクで熊本駅へ行き、列車に乗った。人吉駅に着くのが12時頃。先生のスタジオに着くとカップ麺などで慌ただしい昼食を取り、それから数時間、指導を受けてみっちりと制作を続けた。

村山一壺先生（左）と。一時は毎週のように人吉の工房へ通った

日本の美意識、見る「目」養う

もう一人、陶芸の大事な先生がいる。小川哲男さんだ。人吉の村山一壺先生の元には2年ほど通ったろうか。多忙でやや足が遠のいていた頃、知り合いが小川さんの熊本市島崎の窯へ連れて行ってくれた。

あまりあいそはよくない人で、歓迎されたとは言えないけど、「へぇ、興味ある?」と茶わんを見せてくれた。私はいま思うと大変失礼なことを言った。「ちょっと大きすぎませんか」

「男性はね、これくらいでいいんです」。小川さんは少し機嫌を損ねたように見えた。ああ、あまりストレートに言っちゃいけない。やっぱり褒めるだけにしとかないと、などと考えていると、なぜか「また遊びに来ていいよ」と言ってくれた。

だんだんと足しげく通うようになった。人吉のように教室ではなく、あまり制作させられることはなかったが、邪魔をしないよう現場を見て学んだ。

小川さんの焼き物に対する熱心さはすごい。例えば土。わざわざタイの山の土を選び、何百キロも運んで来ていた。「土も自分でつくるもの。買うもんじゃない」と言っていた。

例えば技法。わざと難しいやり方を選ぶ。素地の上から化粧土をつける「粉引き」では、わざわざ土に粗い石を混ぜる。つくりにくくなるのだが、彼はそれでもすごく大きい作品をつくれる。私から見たら大ざっぱで、これでいいのかと思う作品で

も「それがいい」と彼は言う。

「人吉で焼いたもの、ちょっと見せて」と言われ、段ボールに一箱持って行った。自分としてはすごくよくできた自信作を見せたら、「面白くない」。

失敗作の鉢が出てきた。窯開きの後、村山先生が「いい形だったのに残念でした。申し訳ない」とコメントしたものだ。縁に一つひびが入っていたし、窯の天井から釉《ゆう》薬《やく》のしずくが垂れ、緑の地に赤茶色の斑点ができていた。

「これがいい」。小川さんは褒めてくれた。「ポツンと、きれいな緑の中に出てくる赤茶色がいい。ローゼンさん。これをわざとやったなら、あんたは『目』がいいと言えるけど。これがいいんだよ。これがなければつまらないでしょう」

小川さんからは、端正で完成した美を好む村山先生とは全く違うものを教えられた。2人とも尊敬する先生だが、意見は正反対。それでは「いい作品」とは何だろう。やはり「目」なのかな。陶芸と長く深く付き合うことで、私は少しずつ、日本文化の面白さや、独特の美意識を学んでいったように思う。

並んでろくろ回し、結婚を意識

１９７０年代の後半は、熊本大学教養部の外国人英語教師を務めながら、授業が終われば教育学部に通い、美術科でろくろの前に座る日々が続いた。

陶芸に興味を持った学生たちも時折やって来たが、やがて部屋の主のように、２人だけが残った。毎日、私と並んでろくろを回していた美術科の事務職員、佐藤三早枝《みさえ》が、私の妻になった。

彼女は南小国町出身で、東京の美大でデザインを専攻。卒業後は中学の美術教師を目指し、働きながら勉強していた。出会いの記憶は……お互い覚えていない。覚えているのは、いつの間にか２人で焼き物を焼いていて、それがとても楽しかったということ。

教育学部の裏に小屋があり、そこには本格的で立派なガス窯があった。プロパンガス代を2人で出し合い、窯入れした。炎を使うガス窯だから、朝早くから夜まで見ておかないといけないない。ずっと交代、交代、時々は一緒に。

彼女は後片付けや掃除も、やり出すと手際がいい。何かいろいろとできる人だなという印象だった。親しくなってからは一緒にバイクに乗って、彼女が好きな美術館に行ったりしたが、しばらくは友達としての付き合いだった。

彼女は学校の関係で中学から熊本市に住んでおり、偶然にも私のガールフレンド第1号、習字の吉田牧子先生が彼女を知っていた。息子の同級生だったという。「学校の人気者だったって。あの子はいいよ」と私に結婚を勧めた。

春から初夏にかけてだったと思う。吉田先生と三早枝と3人で、彼女の実家までドライブした。お父さん、お母さんにも会ったが、その時はまだ、友達としてあいさつしただけ。

私はただただ、南小国ってとてもきれいなところだと思った。日本の里山の美しい風景が心に残り、いいなあ、結婚したら、しょっちゅうここへ行けるかなあ、などと考えていた。

知り合ってから結婚まで5～6年かな。出会ってすぐに「あ、この人だ」とは思わなかった。しかし、一緒に焼き物をつくることが楽しくて、家族も同じようにつくっていけると思えたのだろう。焼き物と家族は似ている。窯の中でじっくりと、時間をかけて生まれてくるのだ。

結婚は決めたが、これからどうしたらいいか全く分からない。彼女のお父さんがちょうどその時、けがで熊本市の医院に入院していた。吉田先生が言った。「チャンスよ。ごあいさつに行きましょう」

加藤神社、羽織はかまで挙式

三早枝のお父さんが入院している医院を訪ねた。ちょっと驚いた表情だった。

「結婚したいと思っています。どうぞよろしくお願いします」と告げたが、お父さんは全然いい顔をしない。目も合わせず、「母親に話してくれ」。もう少しいい返事が返ってくるかと思ったんだけど。

でも一番大切なのは私と彼女、2人の気持ちだ。お母さんは「娘がいいのなら」という反応だった。特に反対はなかったが、やはり外国人との結婚は、心配でいっぱいだったかもしれない。

後で友人と話した。お父さんからすれば、同じ南小国町の男性が理想的。百歩譲って阿蘇郡、どうしてもダメなら熊本県、せめて九州。日本人でさえない私は、火星人と同じくらい意外な相手だったに違いない。彼女の両親の気持ちは、今となってはよく分かる。

私の母は「結婚してくれる女性がいるの？大歓迎よ」という様子だった。挙式前に一度、彼女をアメリカに連れて帰った。家族や友達に紹介し、それからアメリカを実感してもらおうと。友人も母も「彼女はいいじゃない」と言ってくれたし、彼女も「アメリカは面白い」と思ったようだ。

2人で話し合い、できるだけこぢんまりした

手作りの式にしたいと思った。引き出物は小皿5枚セット。私の家の6畳間の畳を外し、ブルーシートを敷いて作業場にした。彼女は中学校美術教諭の採用が決まって忙しく、私が土をこねて形を作り、2人でうわぐすりをかけて焼いた。

1982年3月27日。熊本城内の加藤神社で式を挙げた。仲人は教育学部教授の福田昇八先生。アメリカの母は出席できなかったが、弟のテッドが来日してくれた。吉田先生は母親代わりとして和服姿でローゼン家側に並び、私も羽織はかまの貸衣装を着て式に臨んだ。

三早枝は白無垢《むく》。美しかった。お城の坂を歩いて下り、洋食レストラン「レオドール」を貸し切りにして40人ほどで披露宴をした。お色直しは1回、キャンドルサービスもなし。シンプルでいい式だったと思う。

しかし、私はこの間、ずっと気の使い通し。全て終わってほっとしたその夜、熱を出してダウンしてしまった。翌日からの新婚旅行もキャンセル。彼女が大学時代を過ごした東京を案内してもらうはずだったのに。東京まで送る予定だった弟にも悪いことをしたが、彼は「大丈夫だよ」と手を振って帰っていった。

ロックの歌詞を英語教材に

振り返ってみると、1982年ごろは随分忙しい日々を送っていたみたいだ。福田昇八先生との共著で、初めての日本語の本『ロックの心』を書いたのもこの年。発行は3月10日で何と結婚式の17日前。このユニークな本の出版にも、少し長いいきさつがある。

ニュージャージー州ベルマーの私の実家は、海から数えて5番目の通り「Eストリート」沿い。70年代の大学院生の頃、2軒隣の家の地下室で、若者たちが盛んにバンド練習をしていた。一度窓越しに見かけたことがある。

それが「Eストリート・バンド」で、リーダーの名前はブルース・スプリングスティーン。ご存じアメリカンロックの〝ボス〟の若き日の姿だ。ニュージャージー出身の彼のデビュー・アルバムは「アズベリー・パークからの挨拶」。私の出身高校の地名から取られている。

地元のそんな土地柄も、私の音楽好きに影響しているかもしれない。10代になっても音楽熱は覚めず、レンタル楽器店に通っていろんな楽器を練習した。金管楽器ならトロンボーンやフレンチホルン、チューバ……。日本のことわざでいう「下手の横好き」かな。高校時代は軽音楽バンドでトランペットを吹き、大学では友人とともにロックバンドに入った。

最初はボーカル。次いでベースが欠員になり、大急ぎで練習を始めた。間もなくパーティーで演奏する仕事が入ったんだけど、私のベースはひどかったなあ。清潔なイメージのビートルズよりローリング・ストーンズの方が好みで、ビル・ワイマン（ストーンズの元メンバー、ベーシスト）のまねをよくしたっけ。

熊本に来てからはもっぱら聞く方。独身時代、熊大の近くの小さなレストラン「たんぽぽ」に毎日のように通った。スパゲティランチが私のお気に入りで、店内にはいつもアメリカンロックが流れていた。

店を切り盛りするお母さんと、まだ中学生か高校生の2人の娘がいた。私はスパゲティを食べながら、10代の娘が洋楽に合わせて、ところどころ歌うのをよく聞いた。「君すごい、英語知ってるの?」「知らないけど、毎日のように曲が流れてくるでしょ。自然に覚えたけど、意味は分かんない」

それで、アイデアが生まれた。若者たちは洋楽を聴くことで、英語は耳に入って来るが、意味は分かっていない。これは英会話の教材に使えるのでは——。私は以前から、何か出版をしたいねと誘われていた福田先生に相談してみた。

『ロックの心』シリーズ4冊

福田昇八先生の専門は英文学だが、県内の英語教育にも幅広く貢献した人だ。私は来日前から手紙を通じて世話になったが、熊本大学に赴任してからも折に触れ助言をいただいた。

「あなたは外国人教師で1年契約。論文や研究を発表しなくてもあまり影響ないが、それでもした方がいい」と言ったのも福田先生。それで私もなるべく論文を書くようにした。博士号の論文テーマとした英国の詩人ミルトンや、後には熊大の前身・五高の外国人教師だったラフカディオ・ハーン（小泉八雲）に関する研究も。

論文や研究に関心を示さない外国人教師もいたが、これらの活動は、熊大の外国人で私が最も長く勤務し、後に教授になることにもつながったと思う。

英語のロックやフォークの歌詞を解説した本をつくり、英語教材に使うという私のアイデアに福田先生は賛同してくれた。ただ、彼はどういう曲を選べばいいか分からない。私が洋楽の名曲の歌詞を山ほど集め、選曲や本のスタイルを2人で話し合った。

まず英文の歌詞。多くの歌詞はレコードのライナーノートに印刷してあるが、表記が大ざっぱで文章になっていない。英語教材に使えるようコンマやピリオド、ダッシュ、コロンなどを表記し、福田先生のアドバイスも取り入れた。

次に注。中学レベルで使える本にしたいと思い、中学生には難しい表現などを確認して注をつけた。解説ではその曲の優れているところ、意味やテーマ、なぜ好まれて

『ロックの心』1巻は1982年3月刊。シリーズ計4冊を出版した

いるかなどを私が英語で書き、福田先生が訳した。さらに「活用」というコーナーで、歌詞にある言い回しを使った例文を紹介した。

最後に日本語訳。流行の楽曲の翻訳は難しいが、逆にレコードの訳詞はとてもいいかげん。福田先生は意味の正確さを重視し、文学作品の詩を訳すように丁寧に作業した。ビートルズ、サイモン＆ガーファンクル、ビリー・ジョエル、そしてブルース・スプリングスティーン。１９６０～70年代の25曲を収録した。掲載許可が下りなかった曲も多く、希望したカセットテープブックもかなわなかったけれど、『ロックの心』は１９８２年３月、大修館書店から刊行された。

当時はロックの歌詞を英語教材に使う人などほとんどいない。「なぜビートルズ？」「ロックは品が悪い」などの声もあったようだ。幸い英語教師が多く購入するなど好評で、86年まで『ロックの心』２巻、３巻、『ビートルズの心』の計４冊の出版が続いた。

郵便局で怒ったり謝ったり

日本が好きで、日本文化に強く引かれる私だが、日本に対する気持ちは「ラブ－ヘイト（好きでもあり嫌いでもあり）」ということになるかな。私にとっては故国アメリカも「ラブ－ヘイト」だ。物事には良い面も悪い面もある。

熊本に来てまだ日が浅いある日、郵便局から電話がかかってきたことがある。

「ああ、ローゼンさん。郵便のことで問題が……」

車が数台止められるほどの小さな郵便局だった。局の女性は、３日前に私が米国の母宛てに出したはがきを持っていた。運転免許更新のため、早急に免許番号が必要と知らされて出したはがきだった。ぎりぎりでポストに入れた急ぎのはがきが、なぜまだここに？

「すみませんローゼンさん」。女性は申し訳なさそうに言った。「ほらこれは絵はがきでしょ」。はがきの表側は上に住所、下に文面が書けるよう、中央に線が印刷されている。

「あなたの文章がこの線から、ここと、ここと、ここではみ出していますね、ちょっとね」

「はい。それが何か」「これはねえちょっと……イハンです」

イハン？　ほんの少し文字が線を越えただけで、私の大事なはがきを出さなかったって？　思わず大声になった。「はがきははがきでしょ。線を挟んで平等に書かなくちゃいけない法律がありますか」

私は理屈で戦おうとした。しゃべり続けたが、もちろん間違っていた。局員たちの視線が見る見る冷たくなっていくのが分かった。結局は何を言っても、決まったことは変わらない。ボールペンで、はみ出た文字に線を引いて消した。「これでいいですか」

「うーん、困りましたね」。局員が分厚い本を持ち出すのを見て、再び頭に血が上った。

「このはがきはとても大事。ぎりぎりで出したのに、これくらいのことで私の大切な手紙を◇×◎■〽△●□……」

今よりずっと日本語が下手だった。他のお客さんは懸命に、何も気づいていないというポーズを取っていた。一通り悪態をついた後、急に私は冷静になり、どうすればいいか分かった。

「申し訳ありません。お忙しい時に私のミスで迷惑を掛けて。このルールは知らなかったから。二度としません。どうしましょう」

みんなに笑顔が戻った。ちょっと歯車が狂っただけだ。私は超過料金40円を払い、もはや無意味になったはがきを改めて投函《とうかん》した。

私は完全に敗北した。でも郵便局を出た時はすごく貴重なものをもらったような気が……いやいや、私はその後もあちこちで、ぶつかり、きしみ、摩擦を起こすことになる。

来熊百年、ハーンと向き合う

1991年は、熊本大学の前身の旧制五高で英語とラテン語を教えたラフカディオ・ハーン（小泉八雲）の来熊百年に当たっていた。これに先立ち熊本でも記念イベントの気運が高まり、89年、熊大に「熊本大学小泉八雲研究会」ができた。

代表になった教養部の中島最吉教授（後に崇城大副学長、故人）から、「あなたは現代のハーンなんだから」と誘われ、私もこの明治の外国人教師と深く向き合うことになる。

もちろんハーンの存在は知っていたし、タトル社から出ている英文の「怪談」は読んでいたけれど、改めて読み進めるうちに、ふと気付いた。「私は彼の気持ちが分かる」

そうだ。当時も百年後もそれほど変わっていない。ハーンも私も同じ語学教師で、立場も同じ「お雇い外国人」だった。ただし文章力と頭脳は彼の方がずっと上。給料も、彼は知事より上だったけど。

ハーンは、お雇い外国人には守らなければならない「心得」がある、と手紙に書いた。〈ビジネスに関する疑問は口にするな〉〈なぜ?と尋ねるな〉〈批判を述べよと言われても批判はするな〉〈役人のことでも学生のことでも職員のことでも褒めたりけなしたりするな〉〈褒めれば褒めたでかえって嫌われることをわきまえよ〉〈どんなことがあっても直接断ることをせず、①ちょっといまは無理ですとか②確かにそうですねと答え、脳裏にだけは留めておくこと〉〈外国人に要求されているのは、①「二枚貝」のような生徒たちの機嫌をそこねないことと、②全員を合格させることの二点に尽きる〉〈学生は当時もしゃ

べらなかったらしく、口を閉じた二枚貝に例えている〉〈日本の官吏に囲まれた一外国人は、単なる碁石の一目でしかない。友だちは得られず、同情も得られず、生きていくしかない〉〈もう私は寂しくて、熊本に住むには疲れてしまった〉

私はその後、何度もこれらの文章を思い返した。中島先生もよく言っていた。「ローゼンさん、熊大は百年たっても変わらないねえ」

研究を続けるうちに、お雇い外国人として孤立感を募らせるハーンの「寂しさ」が手に取るように伝わってきた。なぜなら、その「寂しさ」は私もよく知っている、とてもなじみ深い感情だったからだ。

＊ハーンの手紙は、主に熊本大学小泉八雲研究会編『ラフカディオ・ハーン再考――百年後の熊本から』（恒文社）から引用しました。

ハーンと同じ「寂しさ」私も

ラフカディオ・ハーンが感じたのと同じ「寂しさ」を、百年後の外国人教師である私も感じたのは、例えばこんな場面。熊本大学の教養部では毎年、先生たちが玄関前で写真を撮っていた。日本人だけ。私は何年もそれを知らなかった。

ある年、先生たちが集まっているのを見かけた。「何ですか」と尋ねると、「先生たちの集合写真です」と言う。「ぼくは？」「うーん、そうですね、ローゼンさんはねえ……ちょっと待ってください……」

「もういい」と言って立ち去ったけど、やはり心の傷だ。同じ人間だし、同じ教育のために頑張っているつもりだった。1年ごとに契約更新される外国人教師と日本人は、教育者として何が違ったのだろうか。

まあしかし、確かに私は外国人で日本人ではない。日本語も流暢とは言えない。日本文化も分からないところがある。ある程度割り切って仕事をしようと考えてきたが、それでも時に鋭い「痛み」を感じないわけにはいかなかった。

１９９７年、大学改革の一環として、熊大では教養部が廃止された。教養部の教官は英語科だけで10人余り。私を含む数人が教育学部へ移籍し、学部の歓迎パーティーが開かれた。

教育学部長が紹介に立った。「○○先生は助教授でおいでになり、専門は18世紀イギリス……。出身大学は……大学院は……出版物は……」「最後にローゼン先生です」。私は、ああやっと私の学歴や博士論文を紹介してもらえると思った。文学博士号を持っているのは、周囲の教授を含めて私だけ。ちょっとは自慢できるかな、と誇らしかった。

学部長は言った。「ローゼン先生はアメリカニュージャージー州生まれ。趣味はテニスと陶芸です」。それだけだった。本当に。

「よろしくお願いします」と言って着席した後、同僚たちに言った。「何でぼくの学歴とか言わないの？」。しかし周りは「え？」とか「は？」とか言うばかりだった。

ああ。寂しいなあ。百年の歳月を超えて、ハーンの面影が浮かんだ。ガイジンであること。結局、この日本人の先生たちにとって、それだけが私の存在価値なのか。ガイジン。趣味はテニスと陶芸。学歴も学位も研究も、あとはどうでもいい。初めて気が付いた。

熊本に来て既に二十数年過ぎていた。私はみんなと同じだと思っていた。なのに今になって、ガイジンということだけで紹介される。同じ同僚、同じ教育者、同じ仲間ではない。〝仮の仲間〟だったのか――。

「お雇い外国人」でなくなる

1997年4月、熊本大学教養部から教育学部に移籍したが、身分は以前と同じ「外国人教師」。1年更新の「お雇い外国人」であることに変わりはなかった。「お雇い」は日本人の先生と比べて、いろいろ違いがあった。給料は日本人より良いが、退職金は少ない。82年に結婚して長男が生まれたが、そのころ外国人は国民年金に入れなかった。その後、制度変更で今度は加入が義務になったり。国立大学の先生向けの共済年金に加入できたのは、定年退職の数年前だった。

全国の国立大学は2004年春から国立大学法人になった。熊大ではその翌年に向け、外国人教師の契約内容を見直す話が持ち上がった。任期は1年から3年に延びるものの、更新は2回までで、最長9年。給料も大きく下がる。それは困る、ということで、みんなで学長に申し入れすることに。いちばん古株だった私が代表に立った。

崎元達郎学長は前から知り合いで、話し合いに応じてくれた。コミュニケーションをスムーズに進めようと、日本人の英語の先生に同行をお願いしたけど、外国人教師に同情的だと思っていた何人かには、断られた。「今は非常にまずくて……」という理由を聞きながら、私はまた百年前のラフカディオ・ハーンを思い出していた。

数回の交渉の後、そのとき働いている外国人教師は全員、定年までの雇用継続が決まった。大学の先生で終身雇用が保証された人を「テニュア」と呼ぶ。私たちはやっと、「お雇い外国人」ではなくなった。

もっとも、それ以降の外国人には上限付

2000年6月、小泉八雲旧居での講演の様子。05年春まで、ハーンと同じ「お雇い外国人」だった

きの任期制が導入された。大学の説明は「将来は日本人も同じになる。外国人が先になるだけで、〝日本人と変わらない〟」

私たちは反論した。上限付きでは十分に腰を据えた教育ができなくなり、大学にとっても得策ではない。外国人教師たちは、任期前から次の就職先を焦って探すような働き方を求めてはいない。私たちは転勤族ではない。子どもの教育もあって、熊本に長く住み続けたいと考えている――。

交渉の最後、私はこんなふうに言って﨑元学長と握手した。「先生が一生懸命やっていただいたことは認めます。ただ外国人の特別な扱いを少しでも改め、なるだけ日本人と同じになるよう努力していただけないでしょうか」

かつて郵便局で大声を出したのに比べると、上出来じゃないかな。こうして熊本に来て31年目の05年春、私は熊本大学教育学部の助教授になった。

《コラム》お雇い外国人について

明治のお雇い外国人といえば、熊本の五高や東京帝大で教壇に立ったラフカディオ・ハーン（小泉八雲）以外にも、多くの名前が知られています。ハーンと親しかったイギリス人で日本学者のチェンバレン、旧東京帝室博物館や鹿鳴館を設計した建築家コンドル、ドイツの医学者ベルツ、アメリカ人で日本美術の発見者とされるフェノロサ、フランスの法学者ボアソナードなど。熊本医学校で一時教鞭を執り、北里柴三郎が学んだオランダ人医師マンスフェルト、熊本洋学校教師を務めたアメリカ人ジェーンズもいます。いずれも明治新政府が進めた日本の近代化に、深く関わった人たちです。

文部科学省がネット上で公開している『学制百五十年史』には、次のような記述があります。

〈明治初期の高等教育は、外国人教師に依拠するところが多大であった。教授用語も外国語が主に使用されていた。文部省は、発足以来外国人の「御雇教師」の精選に努め、海外の優れた学者や教育者の招聘に努めた。明治九年には七八人を数え、東京開成学校・東京医学校・東京外国語学校など官立の学校において専門学科や外国語の指導に当たった。他の官省においてもその専門業務の習得に必要な多くの「御雇教師」を招致した。〉

しかし、このお雇い外国人、お雇い教師の制度が、戦後も基本的にはそのままの形でずっと続いていたというから驚きです。1982（昭和57）年に、議員立法による特別措置法ができるまで、国公立大学で働く「外国人教師」たちは、教授や助教授になることも、大学の運営に参加することも一切できませんでした。

特措法ができた後も、従来通りの外国人教師制度は、国家公務員法に基づく特例雇用として存続しました。しかし、日本人教員と異なる制度や、1年ごとに契約更新する不安定な雇用形態などに、1990年代後半には海外からも懸念の声が上がるようになります。

衆議院文教委員会の議事録を見ると、文部科学省の局長が外国人教師制度の「廃止」を明言したのは2005（平成17）年4月。その前年に、全国の国立大学が国立大学法人に移行したことで、日本人の大学教員も含めて公務員扱いでなくなったためです。

本書の主人公アラン・ローゼンさんが、熊本大学の外国人教師から助教授になったのも、同じ年の4月でした。

『学制150年史』は、日本の近代化と歩みをともにしたお雇い外国人、お雇い教師の制度が、いつまで続き、どのように終わったのかについては触れていません。

ただ、ローゼンさんがまさにラフカディオ・ハーンと同じ「お雇い」として来日し、その最後を見届けたひとりであることは間違いないようです。

（宮下）

今では「仏のローゼン」に

学生にはけっこう厳しい教師だったかもしれない。まあ五高で英語教師だった夏目漱石も厳しかったからね。だって、学生さんは勉強しない。入学することが目的で、熊大生になった後は卒業まで遊ぼうと思っている子が少なくない。私の方はアメリカ人の考え方だから、どうしても時間の無駄に思えた。いろいろ教えたいのに付いて来ない。

宿題しない人もいる。とにかく考え方が甘すぎる。英会話がうまくなる、英語をものにするには、到底努力が足りない。日本人の先生は全員じゃないけど、こんなものだと思っているから叱らない。

私はいろいろ言った。「宿題してない？　何でしてないの？　これはダメよ。あなたの将来よ。お父さんお母さんのお金や税金がどれくらいこの時間のために費やされているか。無駄遣いしちゃダメよ」

特に医学部は頭のいい子が多く、最低限の努力で単位を取ろうとするところがある。「そんな医者はダメよ。全てマスターしようという気持ちが大事」。真っ赤になって怒ったりしたけど、ちょっと本気すぎ、真面目すぎだったかな。

教育学部で外国人教師から助教授に肩書が変わり、准教授を経て２００９年12月、私は教授に昇格した。64歳になっていた。

一つには、大学院の修士論文や博士論文の指導ができる「マル合教員」という基準があり、文学博士号を持つ私はその基準を満たしていたという事情もあったようだ。もちろん、周囲の助言で研究や論文執筆を続けてきたことも、大いに役立ったと思う。

11年春、36年余り勤務した熊大を定年退職した。教授は1年4カ月くらい。規則で名誉教授には在職9年が必要だそうで、だからなのか分からないが、「名誉博士」という称号をもらった。もともと博士だったが、熊大の名誉博士だ。

これにも、誰かの心遣いがあったに違いない。大学でガイジンとして生きることに寂しさを覚えたこともあった私だが、一方でいろんな人たちに支えられ、仕事を続けることができた。感謝したい。

　定年後は放送大学教授などを務め、今の肩書は熊本大学五高記念館客員教授。ラフカディオ・ハーンに関する講義や五高関係の資料や解説の英訳などに当たっている。

　熊本県立大学非常勤講師は70歳で退いたが、熊大の授業はずっと続けている。「鬼のローゼン」って言われたこともあったけど、今ではすっかり「仏のローゼン」。宿題をしてなくても、「今度してきてね、はい次」。

「日本人」になるって難しい

今でこそ和食は大好きになったけど、時間がかかった。慣れだろうね。食べられないものはないが、納豆はあまり歓迎しない。日本に来てよかったと思うのは、和食が私の食生活を健康的に変えてくれたこと。昔は肉とポテトさえあればＯＫだったが。好きな和食はいっぱいある。例えばウナギ、カツオのたたき、みそ汁も好きになった。梅干しを初めて食べた時は「ワーオ」。二度と食べないと思ったものだが、今では大好きだ。

刺し身も大丈夫。こちらも初めて食べたときはちょっとね、と思ったし、熊本に来てすぐ食べたタコの見た目には驚いたけど、今はそんなことはない。

それにしても、アメリカ人がこれほど和食好きになるなんてね。私の母エミリーは２００３年に92歳で亡くなるまで、刺し身は一切食べなかった。ただ、アメリカの和食は日本と全く同じではない。弟が暮らす南部テキサス州の州都オースティンにスシ屋がある。おいしい、でも「ちょっと違う」。「かなり違う」のもある。

松江時代のラフカディオ・ハーンは日本人と全く同じ食生活をしようとした。来日直後の私もそうだったが、ハーンは日本の食文化に溶け込もうと、肉もパンも絶対に食べず、胃袋で西洋文化と闘った。

しかし、とうとう病気になってしまい、熊本では考え方を変えた。ハーンは熊本が嫌いだったという説もあるが、少なくとも肉やパン、ビールがふんだんに手に入る熊本の暮らしが快適だったのは間違いない。その証拠に多くの名作が熊本で生まれている。

ハーンは日本が好きだったが、だから日本人になったわけではない。彼は英国籍だったので、そのままだと遺産は全てイギリスの親戚に渡ってしまう。妻節子と子どもに財産を残すために、彼は日本に帰化した。

ところが、東京帝大の語学教師だった時、大学の事務方から「外国人でないのに外国人並みの給料をもらう権利はない」と通告された。ハーンは一家11人を養い、自身には西洋人の食生活や住まいが必要で、お金がかかると訴えた。「日本人ならお米で暮らしなさい」と事務方は言ったという。ハーンは外国人の誰より、日本人と同じ暮らしをしようと努めたが、体が許さなかった。「日本人なら」という言葉は、彼の心に深い傷を負わせたのではないか。

在日半世紀近い私も「日本人になりませんか」と聞かれることがある。もちろん心の中は日本人と同じつもりだ。でも国籍とは別の意味で、「日本人」になるって難しい、と考える私もいる。

ラフカディオ・ハーン没後110年の2014年には、生誕地のギリシャ・レフカダ島で開かれた国際シンポジウムの座長を務めた

妻は陶芸家に、工芸展で栄冠

家族の話をしよう。私たち夫婦の間には一男二女が生まれた。長男は1982年生まれ。大阪で会社員をしており、結婚して、保育園に通う孫が二人。

2番目が二つ年下の長女。ホテル勤めを経て、大阪で高校の英語教師をしている。

3番目が四つ下の次女。東京で結婚し、現在は、渋谷の会社まで歩いて通勤している。

家族全員が一度にそろったのは、2011年に郷里のアメリカ東海岸を旅行したのが最後かな。それぞれお正月や連休に熊本に帰って来るが、新型コロナウイルスの影響で、ここ数年はなかなか会えないでいる。寂しいねえ。

82年に結婚してから、私は6年ほど暮らした熊本市の龍田陳内から、妻が住んでいた新屋敷の家に移り住んだ。もともとは彼女のお父さんが持っていた家で、私たちが買い取り、改築を経て30年以上暮らした。結婚当時、妻は念願だった美術教師として宇土市の網田中に勤務した後、退職して子育てに専念した。内心ではかなりの葛藤もあったようだが。

二人の共通の趣味である陶芸は続けた。私は82年の国際アマチュア陶芸展（日本陶芸協会主催）に出品した大皿が、金賞を獲得。85年の国際陶芸展（同）では韓国大使賞をもらった。実はちょっと調子に乗って、教師を辞めてプロの陶芸家になろうかと考えたこともあった。

プロになったのは、私ではなく妻の方だった。子育ての傍ら制作を続けるうちに、いつの間にか母親同士がつながり、妻を中心にした趣味の陶芸サークルができた。自宅に設けた作業場は、工房「ローゼン・クレイスタジオ」になった。

スタジオの開設からちょうど20年に当たる２０１０年。熊日主催の「くらしの工芸展２０１０」で、妻が出品した「惑星」はグランプリに選ばれた。大皿１枚と小皿３枚の組み作品。審査員の小川哲男さんからも「勢いと静けさ、静と動の両方を備えた粋《いき》な作品」と褒めていただいた。

妻は現在も、制作やサークル活動を楽しんでいる。今の私は本格的に制作することは少なくなったが、妻の求めに応じて時々ろくろを回し、大型の作品を成形することはある。その後の工程を妻が引き継いだ〝合作〟が、家の棚には並んでいる。

2011年夏の米国旅行で。
左から弟のテッド、私、長女、次女、妻、長男

数字癖

日本のナンバープレートがすごく気に入っている。アメリカは州によって全然違う。アルファベットとか、３桁の数字二つとか、５桁の数字とか。日本は××－××と決まっている。数字からいろんなゲームができて、私はいつもそれを楽しんでいる。

例えば、これは次女が中学生だった頃に教えてくれたゲーム。数字を組み合わせて10（とお）をつくる。５３－１４だったら、５マイナス３で２、１プラス４で５。２かける５で10、ほらね。多分、彼女は数学の先生から教わったんじゃないかな。次女とはよく、運転しながら前の車のナンバーを見て「できた！」と言い合った。一人が10になる組み合わせを説明すると、一人が別の組み合わせを思い付くことも。

私はまた、違うゲームも考える。非常勤で教えていた県立大へ向かう10分くらいの間に、１１、２２、３３、４４……９９、００まで、全部見つけられるかどうか。×

×－11でも、11－××でもいい。×1－1×はダメ。右か左でペアになること。運転しながら、頭の中ではいつもナンバーを意識していなければならない。15－78、13－57……。

妻はあきれる。彼女は景色を見ているが、私は数字ばかり。

この間、水道町の信号で停車したら、86、68の車が4台もあった。これはめったにないよ！　私は感動する。彼女は全然感動しない。

ペアの数字を探す時、順番に見つけるのはとても難しい。まず11、次は33があってもだめ。22じゃないと。長いドライブをしないとなかなか見つからない。そして駐車している車を含めるかどうか。運転中、ナンバーばかり見ている、ほとんど病気なのか。

もっと難しいのは、111とか3桁が同じ車を全部見つけること。1、3、5、7、8はよくあるが、4と6は少ない。444は「し」だし、666は悪魔の番号と言われている。999も少ない。全部見つけるのは一日じゃ無理だね。

車に乗るといつも、どういうパターンでいこうかと考える。77を見つけた。おやこれも７７７。３も目につく。３７７、７７３、１３３、１７３……。今日は１と３と７をフォローか。時々は「鏡」。６７－７６、５７－７５。そうやって楽しむ。事故に遭ってもおかしくないかもしれない。

私の車のナンバーは２１０。同じ車を見かけたら、私はあいさつしたくなるけど、向こうは無視だね。２１０というのは……大学生の時に学生寮で仲良くなった友人がいた。ニューヨーク生まれで歯医者の息子。頭が良くて16歳で大学に入った。すごくいい人で、一緒にギターを弾いたりしてね。

ある日、私たちは歌をつくろうとしていた。彼のお父さんの高校の曲をつくった。ニューヨーク市辺りの高校には数字の名前がついている。父親の高校の名前は２１０《トゥーテン》。♪We sing to thee, two-ten... なんて歌だったかな。出来上がって時計を見たら2時10分だった。何という偶然だ。そういえば、時計を見ると2時10分ということ、案外多くないか?

私はそれから、２１０をフォローすることにした。結婚することになり、日取りを決めることになった。2月11日は祝日だが「じゃあ2月10日。私の好きな番号だし、縁起がいいと思いますよ」。それで結婚記念日は2月10日。何年か前に熊大病院で手術した時も、部屋は210号だった。夏目漱石にも小説「二百十日」がある。車を買ってナンバーを決める時、「じゃ、210で」と答えた。

「何か意味があるんですか」「ええと。結婚記念日です（ものすごく縮めて言うと）」

お金拾いの1年

子飼橋のたもとを散歩している時、お金を見つけたことがある。ごみの中、コンビニの袋に交じって、5000円札が落ちていた。周りを見たが誰もいない。持ち帰った。「警察に持って行ったら」と妻は言った。でも、何となくそれはしたくなかったのだ。数日して今度は、橋の反対側で500円玉を拾った。白川河川敷の地面で、500円玉は絵本に出てくる宝のコインのように光って見えた。

不思議なこともあるものだ。数字あそびが好きな私は興奮した。お金が立て続けに見つかり始めた。5000、500と来れば次は50円、そして5円がそろえば「サイクルヒット」じゃない？　何だか神秘的なことのように思えた。

それからは下ばかり見て、うつむいて歩くようになった。次は100円玉を拾った。10円、1円、5円玉も。50円玉だけが見つからなかった。

私のお金拾いはだんだん上手になっていく。その頃になると、どんなところにお金が落ちているか分かるようになった。自動販売機から1メートルくらい離れた辺り。バス停の周りも結構いいよ。散歩をする度、青い空や緑の木々を眺める代わりに下ばかり見ていて、なにかばからしいと思いながら、しかし50円は見つからなかった。

ほとんど諦めかけた頃、県立大の近く、ミスタードーナツの駐車場の車止めに、50円玉が斜めに立てかけられていた。奇跡みたいじゃない？　しかし妻は私の数字趣味を理解してくれない。分かってくれるのは次女だけだ。東京に電話して報告すると、

「それはおめでとう」と喜んでくれた。

こんなこともあった。藤崎八旛宮に散歩に出かけた時、その日もいつものように目が下に向いていたが、木の下いっぱいに、小銭が散らばっているのを見つけた。

拾って家に帰り、全部きれいに洗った後で気が付いた。その小銭は樹木に供えられたおさい銭だったのではないか。ラフカディオ・ハーンの怪談の一つを思い出し、そして震え上がった。

昔、「麻とり場」で働く女房や娘たちが、その日の駄賃を掛けて肝試しをしようと言い出した。2歳になる赤ん坊をおんぶした母親が立ち上がった。暗い細道をたどって、滝のほこらの前にあったさい銭箱を持って帰った。麻とり場に戻り、火のそばでわが子に乳をやろうとはんてんを脱ぐと、赤ん坊の首は、なくなっていた……。

大急ぎで元に戻したよ。「ごめんなさい、ごめんなさい」って祈ってね。お金を拾い続けたのは1年くらいだったろうか。それからぴたりと止まり、いつの間にか下を向いて歩くこともなくなった。
※参考文献「幽霊滝の伝説」小泉八雲著、平井呈一訳『怪談・骨董他』恒文社所収

思い出のタクシー

方向音痴なので、タクシーの運転手を尊敬している。私にはとてもできない仕事だ。これまで数え切れないほどタクシーに乗った。熊本でも、外国でも。中でも三つの経験が印象に残っている。

一つ目はイタリアのシエナ市だった。到着したその日、私は街の中心で友達と会う約束をしていた。イタリア語が全く話せないので、念のためにホテルの玄関の外、壁に掲げられた通りの名前をメモして出かけた。

友達と別れ、タクシーに乗って運転手に通りの名前を何度言っても通じない。メモを見せてもだめ。最初困り顔だった運転手はとうとう怒ってしまい、私を車から追い出した。どうして？

わけが分からないままに次のタクシーに乗った。その運転手もとても困った顔をしたが、私が指さした方向へ車を走らせた。やっとホテルが見えてきた。壁にある通りの名前を指さして、「ここだ、この道だよ」と言ったが、運転手はあきれたように両手を上げて行ってしまった。後で分かったのだが、私がメモしたのは通りの名前ではなく、「一方通行」だった。

二番目は日本に来てすぐの頃。福岡市で開かれる学会に行こうと、熊大前でタクシーを拾った。「駅、お願いします」。「駅？　どこの駅？」と運転手。「熊本の駅」「熊本の駅？　いくつかありますが、何という駅？」「あー、熊本の……主な駅」

全然通じなくて、運転手は動こうとしない。困った。どう言ったら通じるか一生懸命考えて「あのー、福岡に行く列車に乗りたい」。車はやっと動き出した。

一番忘れられないのは、3月11日の大地震の日。私はラフカディオ・ハーン研究者の関田かをるさんと一緒に、鎌倉駅から江ノ電に乗った。関田さんは80歳近いおばあちゃんだが元気な人で、2人でハーンのいた江ノ島に行くことになっていた。発車してすぐ、電車は大きく揺れてストップした。それほど激しい揺れには感じなかったのだが。

周りの人たちはみんな携帯で連絡を取ろうとしたが、だめ、つながらない。すると私の携帯がリンリン鳴って、心配した熊本の妻からだった。「大変だね」って。

ええ？　何が？　何が起こったか、その時は分からなかった。妻がテレビを見ながら「大地震があった」とか「お台場が火事」とか、車内で私だけが、みんなの情報源になった。電話を切ったら「その携帯は」「やっぱり安物はだめよ、このくらいの携帯じゃないとつながらないね」などと言われ、「おお、これはいい携帯なのか」と鼻が高くなった。

しかし、大変なのはそれから。電車は数十分かけて鎌倉に戻り、そこから先は動かない。私たちは、「じゃあ近くの鎌倉の大仏を見に行こう」と歩いていった。大仏も部分的に損傷していたが、ゆっくり写真を撮り、じゃあそろそろ、と駅に向かった。われわれは依然として、何が起きているのか、よく分かっていなかった。

もう暗くなってきていた。駅周辺の店は電気が付いていない。食事場所もレストランも何も分からなくて、あちこち歩き回った。やっと一軒の古いお茶屋さんでお茶とお菓子をいただき、渇きを潤した。

　外はさらに暗くなっていた。信号機もつかないから、車もうまく流れない。娘と東京で夕食を取る約束をしていたが、全然電話がつながらない。その夜泊まる予定のホテルもだめ。鎌倉にいる知り合いもだめ。東京に帰るしかない。

　ホームに電車が入ってきて、何千人もの人々が乗り込んだ。席がないから床に座り込んで待ったが、動かない。やがて車内アナウンスが「申し訳ありません」。この電車も走ることはできないと告げた。

　東京行きのバスも止まっていた。2人でタクシー乗り場の長い列に並んだが、1時

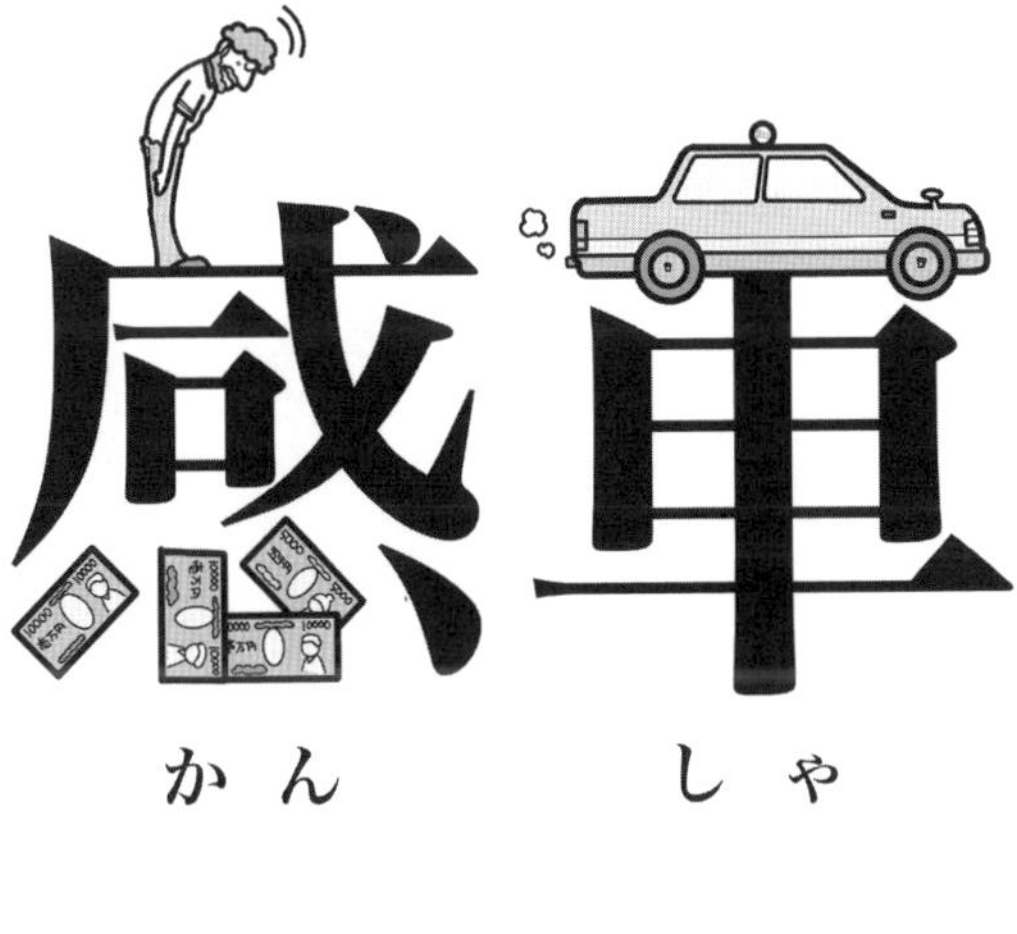

間に1台くらいしか来ない。関田さんが大胆にも列に割り込み、ずーっと先に並んでいた2人連れの外国人に話し掛け、相乗りを承知してもらった。

彼らはブリティッシュエアウェイズのパイロットと社員で、翌日英国へ帰るところだった。2、3時間待ってもタクシーには乗れず、4人で横浜方面へ向かうバスに乗り込んだ。終点に着くと、奇跡的なことにすぐにタクシーがつかまった。それが夜11時頃かな。エアウェイズの2人は横浜のホテルで降り、私たちは東京へ向かった。

午前4時ちょっと前、私たちは靖国神社近くで降ろされた。それまで3時間以上続いた渋滞の間じゅう、私は「降ろさないでください」と拝み続けた。道路はまるで駐車場みたいに動かない。運転手の彼は時々、帰りを待つひとからの電話に出て、「うん、2時頃かな」「3時頃かな」と話していた。随分頑張ってくれたが、とうとう「これ以上は行けない」と言った。ガソリンも残り少なくなっていた。

ぼくのホテルは近くだったので、関田さんと歩いて向かった。大きなビルのロビーで大勢の人が寝ていた。動けない車の中で寝ている人もいた。途中、地下鉄の駅をのぞいたら電車があり、彼女はそれに乗って帰っていった。

ホテルに着いてベッドに入っても、ほとんど眠れなかった。タクシー代は3万5000円ほど。持っていて良かった。いくら払っても足りないくらい。今も思い出す度に、運転手に感謝する。あの時、見捨てないでくれて本当にありがとう。

これからも熊本で暮らす

弟のテッドが住むテキサス州は、ステーキでも何でも大きいものが好き。通常のLサイズより大きいのを「テキサスサイズ」という。家族旅行でテキサスを訪ねた時、博物館で「一番大きいゴキブリ展」というのをやっていた。

テキサスのゴキブリならどれだけ大きいか。きっとネズミくらいあるよ、と入ってみたら、熊本の方が断然大きい。「これじゃ子どもだよ。テキサスも大したことないね」と笑い合った。私たち家族が知る限り、熊本のゴキブリこそテキサスサイズだ。

ゴキブリとの対峙《たいじ》だけでなく、ニュージャージー州生まれのアメリカ人にとって、熊本で暮らすことはそう簡単ではなかった。夏は蒸し暑く冬は寒い。龍田陳内の家に住んでいた独身時代、夏休みにアメリカに里帰りした。熊本に帰宅したら停電していて冷蔵庫までカビだらけ。なぜか洗濯機の中ではカエルが死んでいて、泣きたくなった。

泣きたかった理由は、過酷な気候のせいばかりでもない。それはこれまで話してきた通りだけど、もちろん日本と熊本には、それを大きく上回る魅力があった。特に私が引かれたのは、米国と異なる日本の美的感覚や物の見方だ。

「わびさび」——意味が分かっているか自信がないけど。渋くて、かたちが強くて、感情が揺さぶられる美。普通のどこにでもある、何でもないものに美や貴さを見いだそうとする感覚。その半面、街中にたくさんの電線が張り巡らされるような、醜悪な景観をほうっておく感覚も信じ難いのだが。

2016年4月の熊本地震で、30年以上

2020年に完成した新居前で

暮らしたわが家は大きなダメージを受けた。老朽化も進んでおり、夫婦で悩んだ結果、それまでの家と背中合わせの土地に移り、自宅を建て直すことに決めた。新居は20年5月に完成した。新しいわが家だ。

出合いは偶然だったかもしれないが、私は自分のことを「熊本と結婚した」と思っている。「日本人」にはなれないかもしれない。先達のラフカディオ・ハーンと同じ寂しさを味わうこともあるだろう。それでも周りには妻や家族と共に、支えてくれた大勢の人がいる。

本書のいくつかのエピソードは、私が英文で書いた手記を基にした。そのタイトルは「Tales of Old Zen」（オールド・ゼンの物語）。若い頃に名乗った「老禅」が、すっかり似合う年齢になった。

これからもずっと熊本で暮らし続ける。

オールド・ゼンのこぼれ話

「シル」との日々

ある日、大学の授業を終えて帰宅したら子猫がいた。

「もらっちゃった」と3人の子どもたちは大喜び。実は私は猫アレルギーなのだが、「えっ、こんなにかわいいのに」。そう言われれば、我慢するしかないでしょ。

それから長いこと付き合った。かわいかったけど、触るととにかく目や喉がかゆくて。私のことが大好きで、それとも嫌いだったのか。テレビを見ているといつもそばに来た。

「ええ来るの？　あんた大っ嫌い」と言っても近寄ってくる。かと思えばいつの間にかいなくなり、さて寝ようと思ったら最悪の場所に寝ていた。私のベッドの上、枕の真ん中。悲鳴を上げて追い出して、シーツを替えて。

一つ分かっていたのは、私のヒゲと猫の毛の色が同じだったこと。遠い親戚と思っていたかもしれない。名前は「シルバー」。子どもたちが大きくなり出て行って、いつの間にか私がシルバーの世話人になった。

彼女はなかなかいい顔をしていた。妻の陶芸サークルでも人気者。ふらりと現れるとみんな声を上げて歓迎した。工房のバケツにはいつも泥水が入っている。シルバーはこれをがぶがぶと飲む。汚いかなと思いながら、好き勝手にさせていた。猫はきっと自分の欲しいものが分かっているはずだ。

隣のアパートに住む年配の女性も猫好きで、いつも用事をつくってはうちの玄関のチャイムを鳴らした。本当は猫に会いたいのだ。「上がりませんか。シルちゃんも会いたいと思うから」「いいんですか」。笑顔で遊んでいたのを思い出す。

シルは21歳まで生きた。年を取った猫はあまり外に出かけなくなる。家の中に砂のボックスをつくり、そこがトイレになった。大きなじゅうたんの上に粗相をして、全部取り換えたこともある。

診てもらうと、脱水症状を起こしているとのことだった。点滴などで一時的にはよくなったが、もう年だから無理に治療するのもよくない。死なせるしかないと思って。

私が読書する長椅子の横に、大相撲九州場所でもらった膨らんだ座布団を置いた。いつもそこで寝ているようになった。

なでてやると背骨が出ている。おしっこもそのままする。片付けた後はまた動かない。だけど当のシルは自然で、何度も経験したことがあるような顔をしていた。「こうするんだよ」とでも言いたげに。

2週間ほどたち、ある時触ったら、もう息をしていなかった。一番嫌いだったはずの私が、誰よりも声を上げて泣いた。

20世紀の英国の詩人ディラン・トマスに、死にかかった父親に呼び掛ける詩がある。

素直に逝くな、あの世に
怒って怒って、火が消えることに対して怒りなさい
(Do Not Go Gentle Into That Good Night　ローゼン抄訳)

去りゆく父母に対しやはり子どもは、置いていかないで、別れたくないと叫びたい

ものだろう。ただ私は忘れない。シルの最期の日々。あらがいもせず死を待つ姿。美しくてたまらなかった。自分もあんなふうに、自然に静かに死を迎えることができたら幸せだな。

隣の女性は優しい人で、シルちゃんの亡きがらを抱えたまま、庭のいくつかの場所を巡った。「ここでよく日光浴していたね」「冬はここが日当たりがよくて、好きだったね」。もう10年以上たつが、女性は今でも訪ねてくれる。

文学は何のため

大学の英語の授業で最初に話す内容は決まっている。何のために英語を学ぶか。そして、文学は役に立つか。

まず、みんなどこに住んでいるか聞かれたらどう答える？　「日本に住んでいる」「熊本に」

熊本のどこ？　「黒髪」「黒髪のアパート」……だんだん小さくなって最後に残るのは、自分の頭の中の部屋だ。この小部屋からは誰も引っ越しできないから、できれば快適で居心地の良い部屋がいい。

部屋から外を眺めるには窓がいる。これも大きい方がいいね。みんな生まれた時から持っている窓が、母国語。その窓を通じて、あなたは外の世界とコミュニケーションを取っている。

さて、外国語を学ぶというのは、部屋の反対側の壁に、もう一つ窓をつくろうとすることだ。二つの窓からは同じ情報が入ってくる。天気予報を聞くと「今日は雨」。別の窓からは「It's rainy today」。同じことだけど、全く同じではない。角度が違う。明かりが違う。風が違う。空気の流れもよくなって、部屋の中は少し快適になる。

英語が大事だという大学の先生の中には、TOEIC（英語能力試験の一つ）で高得点を取るとか、学会で外国人と話せるとか、すごく具体的、実用的で、数字で測れる目的を挙げる人がいる。

私の意見はちょっと違う。新しい窓から見える景色、明るさ、風のにおい。数字では説明できない。文学を学ぶことも同じ。文学は数字で測れない。けれどあなたの小さな部屋を美しい絵で飾ることはできる。

文学は何のためにあるのか。文学に必要性はあるか。ない。そう、「不要不急」かもしれない。でも文学や美術や音楽がなければ、それは貧しい世の中だね。

詩や小説からあなたは新しい価値観や人生の慰め、励ましを見いだし、人間を深く豊かにする。さまざまな経験を積むことができる（小説だから事実と異なると思ったら大間違い）。

この人と結婚しようか、と人生の大事な決断を下すとき、小説や詩を読んでいる人とそうでない人では、結論を導き出す力が違う、と私は思う。

私の大事な決断にも、文学は役に立った。アメリカのノーベル文学賞作家、ソール・ベローに、マンハッタンで働く男を主人公にした短編がある。緑色のバスルームで恋人に頭を流してもらい、何とも言えない幸福を感じる場面が忘れられなかった。（A Father to Be　父親になる男）

前の家をリフォームした時、妻が浴槽の色をベージュにするか白にするか悩んでいた。彼女は美大出身のせいか色には少々うるさい。

緑色がいいと提案した。「え、グリーン？」「グリーンがいい。まかしてよ。これだけは私が決めたい」

反対されたが、譲れなかった。ミントグリーンの浴槽を選んだ。結果は大好評。短編の通りにね。「よかった。グリーンで」「そうでしょ」。時々、学生さんに言う。「小説の中に出てくることがいつ役に立つか分かりませんよ。だから文学は実用的よ」

オールド・ゼンのこぼれ話

地震と私

フィラデルフィア郊外にあるブリンマー大学の大学院で学んだ話は前にしたでしょ。緑の中に英国様式の建物が建ち並ぶ美しい学校だった。私は最初3階建ての寮に入ったけど、学生はみんな変わっていたなあ。

隣の男性はカトリックの厳しい戒律の宗派の元お坊さん。もう一人は物理を学んでいて、普段の歩き方は変なのに、アイススケートを滑る姿はとても美しかった。お父さんが大使のお金持ちのエジプト人。インドから来た兄弟もいて、私はヨガを習った。

彼らの話によればメディテーション（瞑想《めいそう》）とは、エネルギーを背骨の上にやって下にやって、また上に行って下に行って、そして上手になったら、すごい人は体が持ち上がる、と。

熊本に来てまだ独身の頃。ある朝、ヨガをしていたら妙に調子がいい。体が揺れている。人体に潜む神秘的なエネルギー「クンダリーニ」が、ついに来たんだと思った。ちらっとだけ。

私だけじゃなくて、周り中みんな揺れていた。それは私が生まれて初めて体験した地震だった。故郷のニュージャージーでは一度も地震に遭ったことがない。日本に来るまで、私の人生と地震は無関係だった。

だから逆に初めての地震は、こんな感じですか、面白ーい、もっと大きく揺れても大丈夫、などと思ったものだが、日本で何度も体験するうちに、やっぱりだんだん怖くなってくる。

熊本地震はすごかったね。前震の4月14日はちょうど妻の誕生日。夕食を終えて、私は謝ったかな。デザートが切れていた。買ってこようかどうしようかと言っているうちに家が大きく動き始めた。

前に話した猫好きの女性、ミゾグチさんが隣のアパートから降りてきた。「ちょっと怖いから」と言うので、じゃあうちに来てくださいと言った。食卓のテーブルの下で、しばらくじっとしていた。結構物が落ちるし割れるし、やっぱり地震って楽しむものではない。起きてほしくない。

その次の本震もね。前の家は古かったし、天井や階段まで今にも落ちそうに揺れた。で、これは深刻だなと感じたのは、妻が私の手を握ったこと。結婚して初めてくらい。手をつないで近くの公園に避難した。

町内には何軒か、アパートで独り暮らしのおばあさんたちがいた。朝を待つ間、ミゾグチさんと手分けして「大丈夫ですか」と声をかけて回った。時々あいさつする程度で、名前も知らなかったけど。膝が悪い人もいたので、階段を降りられないのではないかと思ったのだ。

深刻な被害を受けた人たちに比べれば、私のはささやかな体験だ。ただ自宅はかなり損傷し、しばらくは車中泊で過ごした。水もなかった。ミゾグチさんが天草の田舎から届いたというミカンや水を持ってきて、シェアしてくれた。とても助かった。陶芸用のカセットこんろで夕食をつくり、庭先でみんなで食べた。

そんなふうに何とか過ごしたが、後片付けは大変。うちでは展示用の陶器が随分割れてしまった。どうでもいい作品は全く大丈夫、無傷なのに、気に入っている作品に限って、割れたりひびが入ったりね。全く地震は意地が悪い。

相撲マイラブ

相撲が大好きだ。元同僚で、私の相撲の師匠でもある高木先生と、年に1度は九州場所へ通っている。新型コロナで中止になった年は本当にがっかりしたなあ。

日本に来る前は、スモウという名前と、太った男たちがやるスポーツ、くらいのイメージで、興味もなかった。それがどうしてこんなに好きになったのか。

そうだな、まずカラダを見る。脂肪が多くて、腹が出ている。全然強くなさそうに見える。アメリカ人の目から見ると、あんまり大きい感じではない。アメリカだとあのくらいのカラダの人はいっぱいいる。もう、どこにだっている。

でも強かった。筋肉がすごくついている人もいるが、全然そうじゃない人も。強さと見た目は関係ない。貴景勝はまるでボウリングのボールみたいだ。相撲もそう、ただ押す。けれど強い。

最初はテレビを見て、こんなカラダで大きく足を上げて、と不思議な感じがしたが、少しずつ面白さが分かってきた。力と技術、スピードなど、本当はいろいろと複雑だと思うのだが、土俵を割るか倒れたら負けというルールも、あっさりして分かりやすかった。

だんだん、6時に近づくほど強い人が出てくる。15日やって、勝ち越しとかハチナナとか。10日じゃなくて15日間にも意味がある。東京、大阪、東京、名古屋というように、1年間の本場所も理解しやすいね。いつの間にか私は熱心な相撲ファンになっていた。一時は夏休みでアメリカに里帰りする際も、日本から相撲の結果が載った新聞を送ってもらっていたほどだ。

初めてライブで見た九州場所は随分前のこと。一緒に行った人は、お相撲さんの肌がきれいで大理石みたいだと言った。私が覚えているのは升席の狭さ！　4人で座ったので、体をすぼめ、きつかった。そして、テレビほどはよく見えないが、テレビでは伝わらない雰囲気がいい。呼び出しの声、会場のあちこちで見る懐かしい顔の親方たち。酔っぱらったのか、奇声を上げる升席……。

来日した当時は北の湖が横綱だった。北の湖と輪島。北の湖は体つきが私の好みと違って、あまり魅力を感じなかった。しかし強い。ものすごく強い。だからいつも輪島を応援した。

数年前、九州場所に出かけてトイレに行ったら、北の湖が入ってきて横に並んだ。当時は理事長。私は昔、応援しなかったのがばれないかと思って、おしっこが止まるくらい緊張した。

今は、正代はもちろんだけど、元大関の高安を応援している。彼は母親がフィリピン出身。外国人力士が好きというわけではないが、ジョージア出身の栃ノ心はインタビューの話しぶりで応援するようになった。ああ良さそうな人だと。

一番好きだったのは先代の大関貴ノ花。小さなカラダに闘志あふれる取り口で大ファンになった。そのころ、「ローゼンさん、いつかアメリカに帰るのですか」と聞かれたら、「いやあ、貴ノ花が横綱になるまでは帰らないよ」と答えていた。貴ノ花の息子たちは横綱になった。でも息子じゃダメ。だから、私はまだここにいる。

千秋楽という言葉

前回に続きもう少し相撲の話。だんだん気づいたのは、相撲の品格、丁寧さ、礼儀正しさだ。たとえ負けても、もう一度土俵に上がり、頭を下げる。絶対に文句を言わない。すごく大切なことだ。西洋のスポーツと違う潔さがいい。

それでも時々、ぷいっと不機嫌な人もいるね。一方ですごく丁寧な人もいる。かつて幕内にいた豊真将は、どんな時でも丁寧に頭を下げていた。朝青龍は勝った時、よく「どうだい」って顔をして、それでみんな文句を言っていたけど、大抵の力士はうれしさも顔に出さない。

ただ、インタビューは面白くない。時間の無駄かと思うこともある。そして口調が速い。「ありがとうございます」を0・1秒で「あざす」。話す内容も決まり文句が多い。「上手投げが決まりましたね」「覚えてません」「明日の取組は?」「一日一日を、全力で、集中して、頑張ります」。インタビューする方もする方で、「優勝してどんなお気持ちですか」「うれしいです」。それを聞くのもねえ。

まあ、相撲はショーではない。長い間見ているけど、昔と変わったのはまわしの色がカラフルになったくらい。自分たちの世界を大事にしている。アメリカならとにかく音楽を流す。まわしに派手な模様や宣伝、テニスのように企業名を入れるかもしれない。

取組中、けんかでも起きたら、血が出たらなお良い。激しさで人気を得ようとする。プロレスのリングアナウンサーは大声で「タカー、ケーー、ショーーーー」と叫ぶ。相撲はいつも同じ調子だ。「ひがぁしぃー、たかけーしょー」

お客さんの気持ちをエキサイトさせようとはしないから、時々は面白くない。13日目に優勝が決まったりもする。でもそれでいい。客の興味第一ではなく、相撲の世界のやり方を貫く。

相撲にまつわるさまざまな言葉も楽しい。魁傑という力士がいたが、私は長く「解決」だと思い込んでいた。最近では勢《いきおい》。いい名前だ。大屋根の上に上がる「満員御礼」

も好き。

15日間の最後の取組で、行司が「センーシューラクー」と言う。いつもは「ウチードメー」。この「千秋楽」という言葉が大好きだ。だってすごく良い表現じゃない？ 一千の秋の楽しみ。とても詩的で、何となく日本らしい。

手元に、イギリス在住の人気作家デイヴィッド・ミッチェルの小説「The Thousand Autumns of Jacob de Zoet」がある（邦題「出島の千の秋」）。彼も東京に住んでいたし、奥さんは日本人。

このジェイコブ・デ・ゾエット（ヤコブ・デズート）というのは江戸時代の長崎の出島に住むオランダ人。１７９９年の出島を舞台にした面白い小説だ。「千の秋」か……。日本語訳はそうだけど、私は一つの終わり、千秋楽を意味していると感じる。

千秋楽はすなわちクライマックス。最後の最後、みんなが15日間待っていたこと。「センシューラク」と聞く度に、これはすごい、楽しいぞ、と思えてくる。それを聞くために、私は相撲を見続けているような気がする。

さん

防犯パトロール

何年か前のこと、自治会長のイジマさんが来て「会計をしませんか」と言った。その少し前、町内の集まりに出た妻が「ご主人、どうですか」と誘われ、断り切れなかったらしい。

とんでもない。会計なんてできません。私はずっと教師ですから。英語でもできない。ましてや漢字や日本語なんて。「お願いします。手伝いますから」。彼はいろんな所に尋ねたけど、皆に断られていた。

できれば協力したいが……迷っていた翌日、買い物袋を三つも提げてイジマ会長と奥さんがやって来た。「これは領収書」「これはこのための領収書」「これはあのための……」。丁寧な説明だったが、単語の意味も分からない。はっきり断れば良かったと思っていると、こう言われた。「パトロールもどうです。ただ歩き回るだけよ」。こちらはずっと簡単そうに思えた。会長の作戦もあったかもしれないね。それが会計と防犯パトロールの始まりだ。

パトロール隊のメンバーは、会長と、仲良しのカトウさん、そして私。黄緑色の反射板の付いた帽子と上着を着て、赤く点灯する棒を持って、毎週1回、同じ曜日の夜、町内のほぼ決まったコースを1時間歩く。

私は最初の頃、歩きながら二人に聞いた。もし泥棒に出会ったら、どうすればいいですか。「はぁ?」「は?」。二人は意外そうに聞き返した。「私たちがパトロールしているんだから、泥棒に会うことなんかないよ」「この辺りでそういうことはめったにないからね」。あれ、それなら私たちは何のために回っている? 「それは防犯のためよ」

こうも考えた。毎週同じ時間、同じコースをたどっていると、悪者に分かってしまうのでは。するとまた「はぁ?」「は?」とけげんそうな声。うーん。釈然としないところもあったが、結局私は5年ほどで会計を交代した後も、パトロール隊員を続けている。

この仕事のいいところは健康にも役立つことだ。歩きながらいろんな話をした。この辺りには珍しく、長いこと空き地のままの広い屋敷跡があった。「この土地はねー、いつまでたっても変わらないねー」。イジマ会長は生い茂る雑草を眺めながらよく言った。イジマさんがいなくなって、数年がたった。二人になったパトロール隊は、時々彼を思い出しながら歩く。あの屋敷跡は更地になり、小分けされ、宅地として売り出されている。

カトウさんは様変わりした屋敷跡を「イジマ君に見せたいなあ」と言う。「ずっとそのまんまだったのがこんなに変わって。天国のイジマ君が知ったらびっくりするでしょうね」。イジマさんの葬儀の日、カトウさんは長い間、目を閉じた友に話し掛けていた。

「そうですね」。私も歩きながら相槌を打つ。何年も一緒にパトロールしてきた。考え方や感じ方の違いにあれっと思ったこともあった。今は全てが大切な記憶になった。

「でも、イジマさんは何となく知ってるような気がしますよ。天国から見ている気がするんです。そんな気がしないですか?」

私は心の中でつぶやくだけにした。声に出してまた「はぁ?」と聞き返されたら、胸がいっぱいになって困る。

たくさんの名前

私の名前はアラン・デビッド・ローゼン（Alan David Rosen）だが、日本に来てほかにも名前ができた。一番のお気に入りは、熊本大学のカネコ先生に付けてもらった漢字の「老禅」。印鑑を何本も作ったし、この本のタイトル「オールド・ゼン」のもとでもある。

長く使っている銀行口座の名義は「ローゼン・アラン・デビッド」。もちろん日本では姓、名の順に書く。ただ、税務署に出す書類やネットの手続きでは「ロウゼン」と書かないと受け付けてもらえない。

日本の免許証を作った時は、また違う名前に。「ローゼン・デビッド・アラン」。アランとデビッドが逆さまだ。まあ、わずかな違いだから、別に構わないと思った。それが後で多くのトラブルを引き起こすなんて、想像もしていなかったし。

初めて日本の銀行に行った時、驚いたことがある。一つは窓口の前に立って並ばなくていい。座ってゆっくり待っていられる。窓口の人たちがお金を数える速さもすごい。お札をさっと扇型に広げ、まるでトランプを操る手品師のよう。銀行の人たちは、数字の9や4、1の書き方も練習するという。素晴らしい。アメリカでは時々読み間違いがある。

一方で、アメリカのATMは24時間いつでも手数料ゼロ。日本では午後6時を過ぎると手数料がかかる。日本の銀行の窓口はとても対応が良い。が、それ以外はどうなのかなと思うことがある。

いつか銀行を訪れた時、私が持ってきた「老禅」の判子は、銀行印と違うものだった。でも本人確認には、免許証があるから大丈夫。「ローゼン・デビッド・アラン」の免許証を見せると、こう言われた。口座名は「ローゼン・アラン・デビッド」だから、本人確認は「できません」。

何だって。「そんな。もう何十年もこの支店に通ってるし、私が誰だか分かってるでしょ」。窓口の人は言った。「いやちょっとですねー」「少々お待ちください。いま上司が説明を」

別のある日。少し大きな買い物のため、アメリカの銀行口座から日本の口座へ送金した。数日で入金されるはずが、届かない。途中で消えてしまったのか――。心配で心配で、何度も支店に通った。

1週間前に到着していたお金は、本店で止まっていた。送ったのが「アラン・デビッド・ローゼン」で、送られたのが「ローゼン・アラン・デビッド」で、同じ人物かどうか分からなかったから、と説明された。意味が分からない。私が問い合わせなかったら、お金はどうなっていたのだろう。トラブルの原因はひとえに、私の「たくさんの名前」にあるのかな。

そういえば、3人の子どもたちは成人する前、日本とアメリカと二つのパスポートを持っていた。アメリカのパスポートの名前は「ROSEN」だが、日本のパスポートは「ROZEN」。カタカナ名の「ローゼン」をローマ字表記で書くというのが日本の「決まり」なのだ。自筆のサインとパスポートが一致せず、空港で引っ掛かったことが何度かある。

私にとって銀行の口癖は「申しわけございません。決まりですから」。

〈ルールです〉〈決まりです〉という日本語が、一番いやな表現の一つだと感じてきた。その理由は……次に続く。

夜の赤信号

日本とアメリカは違うなあと思ったこと。若い時、街中で飲んで、友人と歩いて帰った。午前1時半か2時頃だが、友人は赤信号で止まって待つ。私が渡ろうとすると「あ、ダメ、赤だよ」と言う。

車は1台も通っていない。赤信号で渡ってはいけないのは、車が来るからだ。今は1台もいないのだから、そのルールを守る必要はないのでは？　友人は言った。「ルールですから」

日本で出合った〈ルールですから〉〈決まりですから〉という表現と、ずっと戦ってきた気がする。アメリカ人から見ると、日本人はルールを守りすぎる。ルールを守るのは良いことだが、悪いところもある。

アメリカ人にとって、ルールは人間が作ったものなのだから、いつも考え直すべきものだ。時代も状況も変わるし、考え方も変わる。いいルールも悪いルールもあるから、常に考え直して調整していく必要がある。そうしないと民主主義にならない。アメリカのエッセイストで『ウォールデン　森の生活』を書いたヘンリー・D・ソロー（1817〜62）が典型だ。彼は奴隷制や戦争に反対して納税を拒否し、刑務所に入った。友人がやって来て「なぜ刑務所に」と問うと、「君こそなぜ刑務所にいないんだ。善い人は刑務所にいるはずだよ」と言ったという。

教育の違いもあると思うけれど、私たちはルールをそのまま守るのはヒツジだと受け止める。考えて、守るかどうかを判断する。そして、たまには守らない方が、誠実で道徳的な場合がある。ソローの思想は、個人の良心に基づく不服従運動のさきがけとして、ガンジーやキング牧師、そして第2次大戦中、外務省の命令に抗してユダヤ系難民に「命のビザ」を発給した杉原千畝にもつながっている。

そういう信念で、深夜の赤信号を渡っていた私なのだが、今ではいつの間にか、少しは信号を守るようになった。その方が何となく、社会に対して良いような気がしてきたからだ。これは日本社会に洗脳されているのか？　ちなみに東京オリンピックも、気が付けば日本人を応援していた。マスクももちろん、きちんと着けている。

ルールを問い直す姿勢は、裏返せば「私の自由」「私の権利」を絶えず主張することでもある。トランプ前大統領は「アメリカ・ファースト」と言ったが、アメリカ人はもともと「ミー・ファースト（Ｍｅ　ｆｉｒｓｔ）」ではある。

最近は日本人でも、マスクを着けない人、赤信号を渡る人が増えてきたのではないかな。〈決まりですから〉と言う人が減ってきたのかもしれない。アメリカ人の私から見て、それは良いことのように思える。ところが逆に、日本らしさが減っていくようで嫌だなぁと感じる私もいる。

ラフカディオ・ハーンは日本に住んで、絶対にパンや西洋料理は要らないと1年間、日本食だけで頑張った。けれど体が受け付けず、熊本に来て西洋料理を食べるようになった。よく似た体験が私にもある。

外国人はやはり日本らしい日本を好む。西洋っぽくなった日本は面白くない。昔のものを展示する博物館のように、西洋の影響を受けない日本であってほしい……。ハーンと同じで日本が大好きな私の、これは「ミー・ファースト」の願望だ。

壁と塀と石垣と

日本に来てすぐに感じた印象の一つは、たくさんの家が、壁《ウォール》に囲まれていたこと。それぞれの家はまるで小さな砦《とりで》のようで、中の人や物を外の世界から守ろうとしているみたいだ。

私が話しているのは、あのグレーで背の高いブロックの塀《ウォール》のことだ。

アメリカではお金持ちの大邸宅を除けば、高い塀を巡らすような家はない。敷地を囲むブロック塀は見ないし、家の壁だけで十分と思われている。ちょっとしたゲートがあっても、木製の簡素なもので、外から丸見えの庭がほとんど。

日本は住むための土地が少なく、貴重だから守りたいという気持ちも分かるけど、そんなに高くて重い塀が必要だろうか。最近の新しいフェンスはだんだん低くなり、光と風と視線が通るようになっていてうれしい。

私の好きなアメリカの詩人ロバート・フロストに、ニューイングランド地方の農地の石垣《ウォール》をうたった「Mending Wall（石垣直し）」という長い詩がある。その一節。

壁をつくる前に聞きたい　囲いたいものは何　閉め出したいものは何　この壁は誰かに失礼か、と　壁を嫌っている何かがある　壁を壊そうとする何かがある
（ローゼン抄訳）

もう一つの物語も思い出す。幼い子どもがお金をためて立派な金魚を買った。しかし友達が来ると見せずに隠す。金魚の美しさを「自分だけのものだ」と考え、美しさを分けたら、価値が減ってしまうと感じるからだ。

だが、みんながみんな、そんな考え方でもないだろう。ウチと外のバランスが、もっとうまく取れないものか。近所の道を歩きながら、よくそんなことを考えた。

地震の後、あちこちのブロック塀がなくなった。ウチと外の壁が低く、柔らかくな

り、初めて中の庭を見ることができた。美しい木々も花々も、それまでずっと隠れていた。本当にすごい開放感があった。きれいなものがあっても外から見えない社会より、もっとオープンな社会がいい。もっともっと壁は低く、軽くなった方がいい。

ところで、壁だけではなく日本では、レースのカーテンを昼間も閉めたままの家が多い。うちは2階だけどカーテンを閉めないので、向かいのビルに住むという女性に言われたことがある。「とにかく丸見えよ」「え、そうですか」「そうよ」

もちろん丸見えは嫌だけど、それより私は外を見たい。空が見えず、自然な光が入らないのは、洞窟や刑務所にいるみたいだ。

郷里のアメリカ東海岸で夜に散歩していると、室内が丸見えの家が結構ある。裸でいるわけではないのだから、見たいならどうぞ。隠すものはないよ、という感じかな。逆に日本はアメリカよりずっと、見られることを気にしているようだ。

それなのに——。温泉に行くと知らない人の前で裸になるのだから、とても不思議だよ。これはアメリカでは考えられない。ウチで服を着ている時は見られたくない。外で裸になったらどうぞというのだからね。

私にとってはいつでも外を見られること、木々や太陽、雲、空が、完璧なプライバシーより大事だ。だから私の家の前を通ったら、窓から外を見ている私と目が合うかもしれない。ただし、私の「こぼれ話」はそろそろカーテンを引く時間になったようだ。それではみなさん、またいつか。

2022年夏の空港で

2022年8月下旬から約1カ月、私たちはアメリカに滞在した。3年ぶりの訪米だった。

飛行機の値段はすごく高くなっていた。円安の影響もあるけど、飛行機会社はコロナでずっともうかっていなかったから、できるだけ料金を上げたいのだろう。それで、初めてエアカナダのトロント経由の安い便を買った。

SNSには空港で手続きを待つ長い列の写真が上がっていた。大事を取って東京に前泊して、翌日の夕方5時に成田発。その日、朝食を食べていたらEメールが届いた。「出発が1時間遅れます」。セキュリティーのためという漠然とした理由だったが、1時間後にまた「遅れます」とメール。

いよいよ成田へ出かけようとする頃、今度は「出発便はエアカナダではなくユナイテッドになりました。サンフランシスコ経由で、出発は5時」

何だって？　短い間に出発時間がころころ変わり、また元に戻ってしまった。しかも航空会社は別。これもコロナで人手や機材が足りないせいなのだろうか。私たちは慌てて成田へ向かった。

メールによれば、サンフランシスコに着いてからニューヨーク行きの乗り継ぎ便まで1時間しかない。とても無理だ。荷物も間に合わないと思うし。それに、私は飛行機に乗る時は絶対に通路側じゃないとだめ。そしてできれば足を伸ばせる一番前の席がいい。娘に手伝ってもらってコンビニで席を予約し、ボーディングパスをプリントアウトしたのに、全部パーになってしまった。あれもこれも今までになかったことだ。

午後1時ごろ成田空港に着くと、いつも渋谷スクランブル交差点みたいな出発ロビーには、誰もいなかった。窓口も開いていない。スタッフもいない。広いフロアは見渡す限りがらんとしていて、ユナイテッドの自動発券機だけがあった。

私たちの予約番号はエアカナダだが、ユナイテッドの機械で受け付けてくれるのだろうか。相談しようにも誰もいない。恐る恐る番号を打ち込むと、受け付けた！　検査証明に、ワクチン接種記録……。いろんな入力を終えて最後にエンターキーを押すと、メッセージが出た。「スタッフを呼んでください。解決できません」

すごく遠いところで、日本人の女性スタッフがゲートを開ける準備を始めるのが見えた。「すみませーん、助けて」。大声で呼びかけると駆けつけてくれた。どうやらワクチン記録の形式が少し違っていたらしい。乗り継ぎ便や座席の変更も出発までにはなんとか解決。スタッフはみんな親切だった。

しかし、あれほど無人で薄暗い成田空港は初めて見た。色とりどりだったショップの多くが閉まったまま。ユナイテッドの空港ラウンジも工事中で入れなかった。私は不意に1974年10月の熊本空港を思い出した。初めて熊本に降り立った後、乗客が誰もいなくなった到着ロビー。

サンフランシスコ空港に着くと景色が一変した。9割の人がマスクをしていない。乗り継いでニューヨークに着いたら、ますます見かけなくなった。弟が前もって「びっくりしないで。誰もマスクしてないよ」と言っていた通りだ。

想像以上にキャッシュレスが進んでいたことにも驚いた。空港でコーヒーを買いに行ってドル紙幣を出すと、「現金はだめ」。ニュージャージーの地元に戻った後、スターバックスに行ったら、携帯からしか注文できなかった。コーヒーを頼むのにスタバのアプリをダウンロードするのも面倒だし、うちは日本の携帯だからＷｉ－Ｆｉにつながないと、とても高価なコーヒーになってしまうね。

最初の３、４日間はどこに行っても、私たち２人だけがマスクをしていた。それだとやっぱり目立つから、途中からどんどんマスクをしなくなった。そして、私たち夫婦は新型コロナウイルスに感染した。

弟のテッドが友人を連れて遊びに来ていて、わが家で乾杯した。お土産にワインを２本ぶら下げてきたのだが、気が付くと友人がほぼ一人で飲んでしまった。彼らが楽しそうにギターを弾き、歌っている最中に、私が熱っぽくなり、検査キットで陽性に。するとそれまで陽気に酔っぱらっていた弟たちは急にマスクをはめ、「帰る」と言ってそそくさと引き上げていった。おかしかったね。

まあ私たちは２人とも大したことはなかったけど、フィラデルフィアの友人に会いに行く計画は中止したし、車で5、6時間かけて訪ねて来てくれた別の友達とも、直接は会えなかった。私はアパートメントの2階から、彼らは地上から声を掛け合い、また来年、と手を振るしかなかった。

久しぶりのアメリカは、街の通りや住宅街に、おびただしい数の星条旗が揚がっていた。通りを走る車も、ヨットハーバーに浮かぶお金持ちの船にも。トランプの名前が大きく書かれた旗や、「Make America Great Again」からとった「MAGA」の旗も少なくなかった。

9・11の直前で、愛国心を示すためでもあったのだろう。だが伝統的に民主党が強いニュージャージーで、これほどトランプ派が目立つようになるなんて。自宅のある海辺の街、ブラッドリービーチの雰囲気も少しずつ変わってきているのか。

ぼくの知っているアメリカは、だんだん遠ざかっていく。友人たちも言う。「そうよ。アメリカは変わってきてるよ」「こんな国だったかな」「私の知る国じゃなくなった」

しかし、そう話す友人たちは相変わらずだ。ラリー、デイブ、スティーブ、スーザン、ジュディ……久しぶりに会って、笑ったり食べたり。青春時代の友達はいつまでも変わらない。

さて、半世紀近い昔、まだのどかだった熊本空港から始まった私の話はそろそろおしまい。あの時独りぼっちになった私は、インフォメーションの女性が両手で大きなバツ印をつくるのを見て、絶望的な気分になった。そして今度も、成田空港のハイテク機械の前で、同じように途方に暮れた。もちろん、どちらもピンチに手を差し伸べてくれたのは日本の人たちだが、日本の空港も、世の中も、そして私自身も、あれからどのくらい進歩したのだろう。あんまり変わってないかもしれないね。

Acknowledgement

First and foremost, I wish to thank Kumanichi Newspaper's Kazuya Miyashita. He deftly turned my Japanese ramblings into coherent, readable prose that made me sound far more fluent and interesting than I really am. In a very real way, this book is as much his as it is mine.

I am also grateful to Yutaka Ueno, whose superb illustrations added so much to the writing, and to Takanori Ichimura of Kumanichi Publications for his advice in design, layout, and editing.

My very deep gratitude is also due to Dr. Tomomichi Ono and Kyoji Watanabe. Each of them encouraged me to tell my stories to a wider audience.

Finally, thanks to my family: to my wife for her many valuable suggestions, to my son for his steady support, and to my daughters, whose illustrations have enriched and enlivened the book so much.

To them, and to the many colleagues, friends, and relatives, Japanese and otherwise, who have supported me over the years, Thank You.

Alan D. Rosen

本書は熊本日日新聞読者ひろば面に掲載された「わたしを語る　オールド・ゼンの物語」、及び文化面に掲載された「オールド・ゼンのこぼれ話」をもとに、加筆修正し、新たな書き下ろしを加えたものです。

アラン・ローゼンさんが日本語で話した内容を文字に起こし、話し合いを重ねて再構成しました。いくつかのエピソードは、ローゼンさんの英文の手記「Tales of Old Zen」に基づいています。テキスト化に当たっては、ローゼンさんの楽しいおしゃべりの様子をできるだけ文字で写し取るよう努めました。

（宮下和也・熊本日日新聞記者）

■初出
「オールド・ゼンの物語」（熊本日日新聞朝刊２０２０年10月14日～11月18日付）
「オールド・ゼンのこぼれ話」（熊本日日新聞朝刊２０２１年１月22日～９月17日付）
＊書籍化にあたって改題および加筆・修正しています。

■書き下ろし
「数字癖」「お金拾いの１年」「思い出のタクシー」「２０２２年夏の空港で」
「お雇い外国人について」（宮下和也）

著者略歴

◇ Alan David Rosen 1945年米ニュージャージー州生まれ。ペンシルベニア大学－ブリンマー大学大学院。文学博士。専門は英文学。74年熊本大学に外国人教師として赴任。英会話、英作文、英文学の講義や卒論・修士論文の指導に携わり、教育学部教授などを歴任。陶芸家の妻三早枝さんと熊本市在住。

挿画：ローゼン梨沙
ローゼン恵里花
上野豊

オールド・ゼンの物語

2023年4月23日　第1版発行

著　者　アラン・ローゼン

発　行　熊本日日新聞社

制　作　熊日出版（熊日サービス開発株式会社出版部）

発　売　〒860-0827　熊本市中央区世安1-5-1
電話　096-361-3274

装　丁　西畑美希

印　刷　シモダ印刷株式会社

ISBN978-4-87755-643-3　C0095